KIRGHIZE

VOCABULAIRE

POUR L'AUTOFORMATION

FRANÇAIS
KIRGHIZE

Les mots les plus utiles
Pour enrichir votre vocabulaire et aiguiser
vos compétences linguistiques

3000 mots

Vocabulaire Français-Kirghize pour l'autoformation - 3000 mots

Par Andrey Taranov

Les dictionnaires T&P Books ont pour but de vous aider à apprendre, à mémoriser et à réviser votre vocabulaire en langue étrangère. Ce dictionnaire thématique couvre tous les grands domaines du quotidien: l'économie, les sciences, la culture, etc ...

Acquérir du vocabulaire avec les dictionnaires thématiques T&P Books vous offre les avantages suivants:

- Les données d'origine sont regroupées de manière cohérente, ce qui vous permet une mémorisation lexicale optimale
- La présentation conjointe de mots ayant la même racine vous permet de mémoriser des groupes sémantiques entiers (plutôt que des mots isolés)
- Les sous-groupes sémantiques vous permettent d'associer les mots entre eux de manière logique, ce qui facilite votre consolidation du vocabulaire
- Votre maîtrise de la langue peut être évaluée en fonction du nombre de mots acquis

T&P Books Publishing
www.tpbooks.com

ISBN: 978-1-78767-066-2

Ce livre existe également en format électronique.
Pour plus d'informations, veuillez consulter notre site: www.tpbooks.com ou rendez-vous sur ceux des grandes librairies en ligne.

VOCABULAIRE KIRGHIZE POUR L'AUTOFORMATION
Dictionnaire thématique

Les dictionnaires T&P Books ont pour but de vous aider à apprendre, à mémoriser et à réviser votre vocabulaire en langue étrangère. Ce lexique présente, de façon thématique, plus de 3000 mots les plus fréquents de la langue.

- Ce livre comporte les mots les plus couramment utilisés
- Son usage est recommandé en complément de l'étude de toute autre méthode de langue
- Il répond à la fois aux besoins des débutants et à ceux des étudiants en langues étrangères de niveau avancé
- Il est idéal pour un usage quotidien, des séances de révision ponctuelles et des tests d'auto-évaluation
- Il vous permet de tester votre niveau de vocabulaire

Spécificités de ce dictionnaire thématique:

- Les mots sont présentés de manière sémantique, et non alphabétique
- Ils sont répartis en trois colonnes pour faciliter la révision et l'auto-évaluation
- Les groupes sémantiques sont divisés en sous-groupes pour favoriser l'apprentissage
- Ce lexique donne une transcription simple et pratique de chaque mot en langue étrangère

Ce dictionnaire comporte 101 thèmes, dont:

les notions fondamentales, les nombres, les couleurs, les mois et les saisons, les unités de mesure, les vêtements et les accessoires, les aliments et la nutrition, le restaurant, la famille et les liens de parenté, le caractère et la personnalité, les sentiments et les émotions, les maladies, la ville et la cité, le tourisme, le shopping, l'argent, la maison, le foyer, le bureau, la vie de bureau, l'import-export, le marketing, la recherche d'emploi, les sports, l'éducation, l'informatique, l'Internet, les outils, la nature, les différents pays du monde, les nationalités, et bien d'autres encore …

TABLE DES MATIÈRES

GUIDE DE PRONONCIATION

Alphabet phonétique T&P	Exemple en kirghize	Exemple en français
[a]	манжа [mandʒa]	classe
[e]	келечек [keletʃek]	équipe
[i]	жигит [dʒigit]	stylo
[ɪ]	кубаныч [kubanɪtʃ]	le "i dur"
[o]	мактоо [maktoo]	normal
[u]	узундук [uzunduk]	boulevard
[ʉ]	алюминий [alʉminij]	voyou
[y]	түнкү [tynky]	Portugal
[b]	ашкабак [aʃkabak]	bureau
[d]	адам [adam]	document
[dʒ]	жыгач [dʒɪgatʃ]	adjoint
[f]	флейта [flejta]	formule
[g]	тегерек [tegerek]	gris
[j]	бөйрөк [bøjrøk]	maillot
[k]	карапа [karapa]	bocal
[l]	алтын [altɪn]	vélo
[m]	бешмант [beʃmant]	minéral
[n]	найза [najza]	ananas
[ŋ]	булуң [buluŋ]	parking
[p]	пайдубал [pajdubal]	panama
[r]	рахмат [raχmat]	racine, rouge
[s]	сагызган [sagɪzgan]	syndicat
[ʃ]	бурулуш [buruluʃ]	chariot
[t]	түтүн [tytyn]	tennis
[χ]	пахтадан [paχtadan]	ha! hop!
[ts]	шприц [ʃprits]	gratte-ciel
[tʃ]	биринчи [birintʃi]	match
[v]	квартал [kvartal]	rivière
[z]	казуу [kazuu]	gazeuse
[ʲ]	руль, актёр [rulʲ, aktʲor]	signe de palatalisation
[ʰ]	объектив [obʰjektiv]	signe dur

ABRÉVIATIONS
employées dans ce livre

Abréviations en français

adj	-	adjective
adv	-	adverbe
anim.	-	animé
conj	-	conjonction
dénombr.	-	dénombrable
etc.	-	et cetera
f	-	nom féminin
f pl	-	féminin pluriel
fam.	-	familiar
fem.	-	féminin
form.	-	formal
inanim.	-	inanimé
indénombr.	-	indénombrable
m	-	nom masculin
m pl	-	masculin pluriel
m, f	-	masculin, féminin
masc.	-	masculin
math	-	mathematics
mil.	-	militaire
pl	-	pluriel
prep	-	préposition
pron	-	pronom
qch	-	quelque chose
qn	-	quelqu'un
sing.	-	singulier
v aux	-	verbe auxiliaire
v imp	-	verbe impersonnel
vi	-	verbe intransitif
vi, vt	-	verbe intransitif, transitif
vp	-	verbe pronominal
vt	-	verbe transitif

CONCEPTS DE BASE

1. Les pronoms

je	мен, мага	men, maga
tu	сен	sen
il, elle, ça	ал	al
ils, elles	алар	alar

2. Adresser des vœux. Se dire bonjour

Bonjour! (fam.)	Салам!	salam!
Bonjour! (form.)	Саламатсызбы!	salamatsızbı!
Bonjour! (le matin)	Кутман таңыңыз менен!	kutman taŋıŋız menen!
Bonjour! (après-midi)	Кутман күнүңүз менен!	kutman kynyŋyz menen!
Bonsoir!	Кутман кечиңиз менен!	kutman ketʃiŋiz menen!

dire bonjour	учурашуу	utʃuraʃuu
Salut!	Кандай!	kandaj!
salut (m)	салам	salam
saluer (vt)	саламдашуу	salamdaʃuu
Comment ça va?	Иштериң кандай?	iʃteriŋ kandaj?
Comment allez-vous?	Иштериңиз кандай?	iʃteriŋiz kandaj?
Comment ça va?	Иштер кандай?	iʃter kandaj?
Quoi de neuf?	Эмне жаңылык?	emne dʒaŋılık?

Au revoir!	Көрүшкөнчө!	køryʃkøntʃø!
À bientôt!	Эмки жолукканга чейин!	emki dʒolukkanga tʃejin!
Adieu! (fam.)	Кош бол!	koʃ bol!
Adieu! (form.)	Кош болуңуз!	koʃ boluŋuz!
dire au revoir	коштошуу	koʃtoʃuu
Salut! (À bientôt!)	Жакшы кал!	dʒakʃı kal!

Merci!	Рахмат!	raxmat!
Merci beaucoup!	Чоң рахмат!	tʃoŋ raxmat!
Je vous en prie	Эч нерсе эмес	etʃ nerse emes
Il n'y a pas de quoi	Алкышка арзыбайт	alkıʃka arzıbajt
Pas de quoi	Эчтеке эмес.	etʃteke emes

Excuse-moi!	Кечир!	ketʃir!
Excusez-moi!	Кечирип коюңузчу!	ketʃirip kojuŋuztʃu!
excuser (vt)	кечирүү	ketʃiryy

s'excuser (vp)	кечирим суроо	ketʃirim suroo
Mes excuses	Кечирим сурайм.	ketʃirim surajm
Pardonnez-moi!	Кечиресиз!	ketʃiresiz!
pardonner (vt)	кечирүү	ketʃiryy
C'est pas grave	Эч капачылык жок.	etʃ kapatʃılık dʒok

s'il vous plaît	суранам	suranam
N'oubliez pas!	Унутуп калбаңыз!	unutup kalbaŋız!
Bien sûr!	Албетте!	albette!
Bien sûr que non!	Албетте жок!	albette dʒok!
D'accord!	Макул!	makul!
Ça suffit!	Жетишет!	dʒetiʃet!

3. Les questions

Qui?	Ким?	kim?
Quoi?	Эмне?	emne?
Où? (~ es-tu?)	Каерде?	kaerde?
Où? (~ vas-tu?)	Каяка?	kajaka?
D'où?	Каяктан?	kajaktan?
Quand?	Качан?	katʃan?
Pourquoi? (~ es-tu venu?)	Эмне үчүн?	emne ytʃyn?
Pourquoi? (~ t'es pâle?)	Эмнеге?	emnege?
À quoi bon?	Кайсы керекке?	kajsı kerekke?
Comment?	Кандай?	kandaj?
Quel? (à ~ prix?)	Кайсы?	kajsı?
Lequel?	Кайсынысы?	kajsınısı?
À qui? (pour qui?)	Кимге?	kimge?
De qui?	Ким жөнүндө?	kim dʒønyndø?
De quoi?	Эмне жөнүндө?	emne dʒønyndø?
Avec qui?	Ким менен?	kim menen?
Combien?	Канча?	kantʃa?
À qui? (~ est ce livre?)	Кимдики?	kimdiki?
À qui? (objet, fem.)	Кимдики?	kimdiki?
À qui? (objets, pl)	Кимдердики?	kimderdiki?

4. Les prépositions

avec (~ toi)	менен	menen
sans (~ sucre)	-сыз, -сиз	-sız, -siz
à (aller ~ ...)	... кездей	... køzdøj
de (au sujet de)	... жөнүндө	... dʒønyndø
avant (~ midi)	... астында	... astında
devant (~ la maison)	... алдында	... aldında
sous (~ la commode)	... астында	... astında
au-dessus de ...	... өйдө	... øjdø
sur (dessus)	... үстүндө	... ystyndø
de (venir ~ Paris)	-дан	-dan
en (en bois, etc.)	-дан	-dan
dans (~ deux heures)	... ичинде	... itʃinde
par dessus	... үстүнөн	... ystynøn

5. Les mots-outils. Les adverbes. Partie 1

Français	Kirghize	Prononciation
Où? (~ es-tu?)	Каерде?	kaerde?
ici (c'est ~)	бул жерде	bul dʒerde
là-bas (c'est ~)	тээтигил жакта	teetigil dʒakta
quelque part (être)	бир жерде	bir dʒerde
nulle part (adv)	эч жакта	etʃ dʒakta
près de ...	... жанында	... dʒanında
près de la fenêtre	терезенин жанында	terezenin dʒanında
Où? (~ vas-tu?)	Каяка?	kajaka?
ici (Venez ~)	бери	beri
là-bas (j'irai ~)	нары	narı
d'ici (adv)	бул жерден	bul dʒerden
de là-bas (adv)	тигил жерден	tigil dʒerden
près (pas loin)	жакын	dʒakın
loin (adv)	алыс	alıs
près de (~ Paris)	... тегерегинде	... tegereginde
tout près (adv)	жакын арада	dʒakın arada
pas loin (adv)	алыс эмес	alıs emes
gauche (adj)	сол	sol
à gauche (être ~)	сол жакта	sol dʒakta
à gauche (tournez ~)	солго	solgo
droit (adj)	оң	oŋ
à droite (être ~)	оң жакта	oŋ dʒakta
à droite (tournez ~)	оңго	oŋgo
devant (adv)	астыда	astıda
de devant (adj)	алдыңкы	aldıŋkı
en avant (adv)	алдыга	aldıga
derrière (adv)	артында	artında
par derrière (adv)	артынан	artınan
en arrière (regarder ~)	артка	artka
milieu (m)	ортосу	ortosu
au milieu (adv)	ортосунда	ortosunda
de côté (vue ~)	капталында	kaptalında
partout (adv)	бүт жерде	byt dʒerde
autour (adv)	айланасында	ajlanasında
de l'intérieur	ичинде	itʃinde
quelque part (aller)	бир жерде	bir dʒerde
tout droit (adv)	түз	tyz
en arrière (revenir ~)	кайра	kajra
de quelque part (n'import d'où)	бир жерден	bir dʒerden
de quelque part (on ne sait pas d'où)	бир жактан	bir dʒaktan

premièrement (adv)	биринчиден	birintʃiden
deuxièmement (adv)	экинчиден	ekintʃiden
troisièmement (adv)	үчүнчүдөн	ytʃyntʃydøn

soudain (adv)	күтпөгөн жерден	kytpøgøn dʒerden
au début (adv)	башында	baʃinda
pour la première fois	биринчи жолу	birintʃi dʒolu
bien avant ...	... алдында	... aldında
de nouveau (adv)	башынан	baʃınan
pour toujours (adv)	түбөлүккө	tybølykkø

jamais (adv)	эч качан	etʃ katʃan
de nouveau, encore (adv)	кайра	kajra
maintenant (adv)	эми	emi
souvent (adv)	көпчүлүк учурда	køptʃylyk utʃurda
alors (adv)	анда	anda
d'urgence (adv)	тезинен	tezinen
d'habitude (adv)	көбүнчө	købyntʃø

à propos, ...	баса, ...	basa, ...
c'est possible	мүмкүн	mymkyn
probablement (adv)	балким	balkim
peut-être (adv)	ыктымал	ıktımal
en plus, ...	андан тышкары, ...	andan tıʃkarı, ...
c'est pourquoi ...	ошондуктан ...	oʃonduktan ...
malgré ...	... карабастан	... karabastan
grâce à ...	... күчү менен	... kytʃy menen

quoi (pron)	эмне	emne
que (conj)	эмне	emne
quelque chose (Il m'est arrivé ~)	бир нерсе	bir nerse
quelque chose (peut-on faire ~)	бир нерсе	bir nerse
rien (m)	эч нерсе	etʃ nerse

qui (pron)	ким	kim
quelqu'un (on ne sait pas qui)	кимдир бирөө	kimdir birøø
quelqu'un (n'importe qui)	бирөө жарым	birøø dʒarım

personne (pron)	эч ким	etʃ kim
nulle part (aller ~)	эч жака	etʃ dʒaka
de personne	эч кимдики	etʃ kimdiki
de n'importe qui	бирөөнүкү	birøønyky

comme ça (adv)	эми	emi
également (adv)	ошондой эле	oʃondoj ele
aussi (adv)	дагы	dagı

6. Les mots-outils. Les adverbes. Partie 2

Pourquoi?	Эмнеге?	emnege?
pour une certaine raison	эмнегедир	emnegedir
parce que ...	..., себептен	..., sebepten

pour une raison quelconque	эмне үчүндүр	emne ytʃyndyr
et (conj)	жана	dʒana
ou (conj)	же	dʒe
mais (conj)	бирок	birok
pour ... (prep)	үчүн	ytʃyn

trop (adv)	өтө эле	øtø ele
seulement (adv)	азыр эле	azır ele
précisément (adv)	так	tak
près de ... (prep)	болжол менен	boldʒol menen

approximativement	болжол менен	boldʒol menen
approximatif (adj)	болжолдуу	boldʒolduu
presque (adv)	дээрлик	deerlik
reste (m)	калганы	kalganı

l'autre (adj)	башка	baʃka
autre (adj)	башка бөлөк	baʃka bøløk
chaque (adj)	ар бири	ar biri
n'importe quel (adj)	баардык	baardık
beaucoup (adv)	көп	køp
plusieurs (pron)	көбү	køby
tous	баары	baarı

en échange de ...	... алмашуу	... almaʃuu
en échange (adv)	ордуна	orduna
à la main (adv)	колго	kolgo
peu probable (adj)	ишенүүгө болбойт	iʃenyygø bolbojt

probablement (adv)	балким	balkim
exprès (adv)	атайын	atajın
par accident (adv)	кокустан	kokustan

très (adv)	аябай	ajabaj
par exemple (adv)	мисалы	misalı
entre (prep)	ортосунда	ortosunda
parmi (prep)	арасында	arasında
autant (adv)	ошончо	oʃontʃo
surtout (adv)	өзгөчө	øzgøtʃø

NOMBRES. DIVERS

7. Les nombres cardinaux. Partie 1

zéro	нөл	nøl
un	бир	bir
deux	эки	eki
trois	үч	ytʃ
quatre	төрт	tørt
cinq	беш	beʃ
six	алты	altı
sept	жети	dʒeti
huit	сегиз	segiz
neuf	тогуз	toguz
dix	он	on
onze	он бир	on bir
douze	он эки	on eki
treize	он үч	on ytʃ
quatorze	он төрт	on tørt
quinze	он беш	on beʃ
seize	он алты	on altı
dix-sept	он жети	on dʒeti
dix-huit	он сегиз	on segiz
dix-neuf	он тогуз	on toguz
vingt	жыйырма	dʒıjırma
vingt et un	жыйырма бир	dʒıjırma bir
vingt-deux	жыйырма эки	dʒıjırma eki
vingt-trois	жыйырма үч	dʒıjırma ytʃ
trente	отуз	otuz
trente et un	отуз бир	otuz bir
trente-deux	отуз эки	otuz eki
trente-trois	отуз үч	otuz ytʃ
quarante	кырк	kırk
quarante-deux	кырк эки	kırk eki
quarante-trois	кырк үч	kırk ytʃ
cinquante	элүү	elyy
cinquante et un	элүү бир	elyy bir
cinquante-deux	элүү эки	elyy eki
cinquante-trois	элүү үч	elyy ytʃ
soixante	алтымыш	altımıʃ
soixante et un	алтымыш бир	altımıʃ bir
soixante-deux	алтымыш эки	altımıʃ eki

soixante-trois	алтымыш үч	altımıʃ ytʃ
soixante-dix	жетимиш	dʒetimiʃ
soixante et onze	жетимиш бир	dʒetimiʃ bir
soixante-douze	жетимиш эки	dʒetimiʃ eki
soixante-treize	жетимиш үч	dʒetimiʃ ytʃ

quatre-vingts	сексен	seksen
quatre-vingt et un	сексен бир	seksen bir
quatre-vingt deux	сексен эки	seksen eki
quatre-vingt trois	сексен үч	seksen ytʃ

quatre-vingt-dix	токсон	tokson
quatre-vingt et onze	токсон бир	tokson bir
quatre-vingt-douze	токсон эки	tokson eki
quatre-vingt-treize	токсон үч	tokson ytʃ

8. Les nombres cardinaux. Partie 2

cent	бир жүз	bir dʒyz
deux cents	эки жүз	eki dʒyz
trois cents	үч жүз	ytʃ dʒyz
quatre cents	төрт жүз	tørt dʒyz
cinq cents	беш жүз	beʃ dʒyz

six cents	алты жүз	altı dʒyz
sept cents	жети жүз	dʒeti dʒyz
huit cents	сегиз жүз	segiz dʒyz
neuf cents	тогуз жүз	toguz dʒyz

mille	бир миң	bir miŋ
deux mille	эки миң	eki miŋ
trois mille	үч миң	ytʃ miŋ
dix mille	он миң	on miŋ
cent mille	жүз миң	dʒyz miŋ
million (m)	миллион	million
milliard (m)	миллиард	milliard

9. Les nombres ordinaux

premier (adj)	биринчи	birintʃi
deuxième (adj)	экинчи	ekintʃi
troisième (adj)	үчүнчү	ytʃyntʃy
quatrième (adj)	төртүнчү	tørtyntʃy
cinquième (adj)	бешинчи	beʃintʃi

sixième (adj)	алтынчы	altıntʃı
septième (adj)	жетинчи	dʒetintʃi
huitième (adj)	сегизинчи	segizintʃi
neuvième (adj)	тогузунчу	toguzuntʃu
dixième (adj)	онунчу	onuntʃu

LES COULEURS. LES UNITÉS DE MESURE

10. Les couleurs

couleur (f)	түс	tys
teinte (f)	кошумча түс	koʃumtʃa tys
ton (m)	кубулуу	kubuluu
arc-en-ciel (m)	күндүн кулагы	kyndyn kulagı
blanc (adj)	ак	ak
noir (adj)	кара	kara
gris (adj)	боз	boz
vert (adj)	жашыл	dʒaʃıl
jaune (adj)	сары	sarı
rouge (adj)	кызыл	kızıl
bleu (adj)	көк	køk
bleu clair (adj)	көгүлтүр	køgyltyr
rose (adj)	мала	mala
orange (adj)	кызгылт сары	kızgılt sarı
violet (adj)	сыя көк	sıja køk
brun (adj)	күрөң	kyrøŋ
d'or (adj)	алтын түстүү	altın tystyy
argenté (adj)	күмүш өңдүү	kymyʃ øŋdyy
beige (adj)	сары боз	sarı boz
crème (adj)	саргылт	sargılt
turquoise (adj)	бирюза	birʉza
rouge cerise (adj)	кочкул кызыл	kotʃkul kızıl
lilas (adj)	кызгылт көгүш	kızgılt køgyʃ
framboise (adj)	ачык кызыл	atʃık kızıl
clair (adj)	ачык	atʃık
foncé (adj)	күңүрт	kyŋyrt
vif (adj)	ачык	atʃık
de couleur (adj)	түстүү	tystyy
en couleurs (adj)	түстүү	tystyy
noir et blanc (adj)	ак-кара	ak-kara
unicolore (adj)	бир өңчөй түстө	bir øŋtʃøj tystø
multicolore (adj)	ар түрдүү түстө	ar tyrdyy tystø

11. Les unités de mesure

poids (m)	салмак	salmak
longueur (f)	узундук	uzunduk

largeur (f)	жазылык	dʒazılık
hauteur (f)	бийиктик	bijiktik
profondeur (f)	терендик	terendik
volume (m)	көлөм	køløm
aire (f)	аянт	ajant

gramme (m)	грамм	gramm
milligramme (m)	миллиграмм	milligramm
kilogramme (m)	килограмм	kilogramm
tonne (f)	тонна	tonna
livre (f)	фунт	funt
once (f)	унция	untsija

mètre (m)	метр	metr
millimètre (m)	миллиметр	millimetr
centimètre (m)	сантиметр	santimetr
kilomètre (m)	километр	kilometr
mille (m)	миля	milʲa

pouce (m)	дюйм	dʉjm
pied (m)	фут	fut
yard (m)	ярд	jard

| mètre (m) carré | квадраттык метр | kvadrattık metr |
| hectare (m) | гектар | gektar |

litre (m)	литр	litr
degré (m)	градус	gradus
volt (m)	вольт	volʲt
ampère (m)	ампер	amper
cheval-vapeur (m)	ат күчү	at kytʃy

quantité (f)	саны	sanı
un peu de ...	... бир аз	... bir az
moitié (f)	жарым	dʒarım
douzaine (f)	он эки даана	on eki daana
pièce (f)	даана	daana

| dimension (f) | чоңдук | tʃoŋduk |
| échelle (f) (de la carte) | өлчөмчен | øltʃømtʃen |

minimal (adj)	минималдуу	minimalduu
le plus petit (adj)	эң кичинекей	eŋ kitʃinekej
moyen (adj)	орточо	ortotʃo
maximal (adj)	максималдуу	maksimalduu
le plus grand (adj)	эң чоң	eŋ tʃoŋ

12. Les récipients

bocal (m) en verre	банка	banka
boîte, canette (f)	банка	banka
seau (m)	чака	tʃaka
tonneau (m)	бочка	botʃka
bassine, cuvette (f)	дагара	dagara

cuve (f)	бак	bak
flasque (f)	фляжка	flʲadʒka
jerrican (m)	канистра	kanistra
citerne (f)	цистерна	tsısterna

tasse (f), mug (m)	кружка	krudʒka
tasse (f)	чөйчөк	tʃøjtʃøk
soucoupe (f)	табак	tabak
verre (m) (~ d'eau)	ыстакан	ıstakan
verre (m) à vin	бокал	bokal
faitout (m)	мискей	miskej

| bouteille (f) | бөтөлкө | bøtølkø |
| goulot (m) | оозу | oozu |

carafe (f)	графин	grafin
pichet (m)	кумура	kumura
récipient (m)	идиш	idiʃ
pot (m)	карапа	karapa
vase (m)	ваза	vaza

flacon (m)	флакон	flakon
fiole (f)	кичине бөтөлкө	kitʃine bøtølkø
tube (m)	тюбик	tʉbik

sac (m) (grand ~)	кап	kap
sac (m) (~ en plastique)	пакет	paket
paquet (m) (~ de cigarettes)	пачке	patʃke

boîte (f)	куту	kutu
caisse (f)	үкөк	ykøk
panier (m)	себет	sebet

LES VERBES LES PLUS IMPORTANTS

13. Les verbes les plus importants. Partie 1

aider (vt)	жардам берүү	dʒardam beryy
aimer (qn)	сүйүү	syjyy
aller (à pied)	жөө басуу	dʒøø basuu
apercevoir (vt)	байкоо	bajkoo
appartenir à ...	таандык болуу	taandık boluu
appeler (au secours)	чакыруу	tʃakıruu
attendre (vt)	күтүү	kytyy
attraper (vt)	кармоо	karmoo
avertir (vt)	эскертүү	eskertyy
avoir (vt)	бар болуу	bar boluu
avoir confiance	ишенүү	iʃenyy
avoir faim	ачка болуу	atʃka boluu
avoir peur	жазкануу	dʒazkanuu
avoir soif	суусап калуу	suusap kaluu
cacher (vt)	жашыруу	dʒaʃıruu
casser (briser)	сындыруу	sındıruu
cesser (vt)	токтотуу	toktotuu
changer (vt)	өзгөртүү	øzgørtyy
chasser (animaux)	аңчылык кылуу	aŋtʃılık kıluu
chercher (vt)	... издөө	... izdøø
choisir (vt)	тандоо	tandoo
commander (~ le menu)	буйрутма кылуу	bujrutma kıluu
commencer (vt)	баштоо	baʃtoo
comparer (vt)	салыштыруу	salıʃtıruu
comprendre (vt)	түшүнүү	tyʃynyy
compter (dénombrer)	саноо	sanoo
compter sur ...	... ишенүү	... iʃenyy
confondre (vt)	адаштыруу	adaʃtıruu
connaître (qn)	таануу	taanuu
conseiller (vt)	кеңеш берүү	keŋeʃ beryy
continuer (vt)	улантуу	ulantuu
contrôler (vt)	башкаруу	baʃkaruu
courir (vi)	чуркоо	tʃurkoo
coûter (vt)	туруу	turuu
créer (vt)	жаратуу	dʒaratuu
creuser (vt)	казуу	kazuu
crier (vi)	кыйкыруу	kıjkıruu

14. Les verbes les plus importants. Partie 2

décorer (~ la maison)	кооздоо	koozdoo
défendre (vt)	коргоо	korgoo
déjeuner (vi)	түштөнүү	tyʃtønyy
demander (~ l'heure)	суроо	suroo
demander (de faire qch)	суроо	suroo
descendre (vi)	ылдый түшүү	ıldıj tyʃyy
deviner (vt)	жандырмагын табуу	dʒandırmagın tabuu
dîner (vi)	кечки тамакты ичүү	ketʃki tamaktı itʃyy
dire (vt)	айтуу	ajtuu
diriger (~ une usine)	башкаруу	baʃkaruu
discuter (vt)	талкуулоо	talkuuloo
donner (vt)	берүү	beryy
donner un indice	четин чыгаруу	tʃetin tʃıgaruu
douter (vt)	күмөн саноо	kymøn sanoo
écrire (vt)	жазуу	dʒazuu
entendre (bruit, etc.)	угуу	uguu
entrer (vi)	кирүү	kiryy
envoyer (vt)	жөнөтүү	dʒønøtyy
espérer (vi)	үмүттөнүү	ymyttønyy
essayer (vt)	аракет кылуу	araket kıluu
être (vi)	болуу	boluu
être d'accord	макул болуу	makul boluu
être nécessaire	керек болуу	kerek boluu
être pressé	шашуу	ʃaʃuu
étudier (vt)	окуу	okuu
excuser (vt)	кечирүү	ketʃiryy
exiger (vt)	талап кылуу	talap kıluu
exister (vi)	чыгуу	tʃıguu
expliquer (vt)	түшүндүрүү	tyʃyndyryy
faire (vt)	кылуу	kıluu
faire tomber	түшүрүп алуу	tyʃyryp aluu
finir (vt)	бүтүрүү	bytyryy
garder (conserver)	сактоо	saktoo
gronder, réprimander (vt)	урушуу	uruʃuu
informer (vt)	маалымат берүү	maalımat beryy
insister (vi)	көшөрүү	køʃøryy
insulter (vt)	кемсинтүү	kemsintyy
inviter (vt)	чакыруу	tʃakıruu
jouer (s'amuser)	ойноо	ojnoo

15. Les verbes les plus importants. Partie 3

libérer (ville, etc.)	бошотуу	boʃotuu
lire (vi, vt)	окуу	okuu

louer (prendre en location)	батирге алуу	batirge aluu
manquer (l'école)	калтыруу	kaltıruu
menacer (vt)	коркутуу	korkutuu
mentionner (vt)	айтып θтγγ	ajtıp øtyy
montrer (vt)	кθрсθтγγ	kørsøtyy
nager (vi)	сγзγγ	syzyy
objecter (vt)	каршы болуу	karſı boluu
observer (vt)	байкоо салуу	bajkoo
ordonner (mil.)	буйрук кылуу	bujruk kıluu
oublier (vt)	унутуу	unutuu
ouvrir (vt)	ачуу	atʃuu
pardonner (vt)	кечирγγ	ketʃiryy
parler (vi, vt)	сγйлθθ	syjløø
participer à ...	катышуу	katıʃuu
payer (régler)	тθлθθ	tøløø
penser (vi, vt)	ойлоо	ojloo
permettre (vt)	уруксат берγγ	uruksat beryy
plaire (être apprécié)	жактыруу	dʒaktıruu
plaisanter (vi)	тамашалоо	tamaʃaloo
planifier (vt)	пландаштыруу	plandaʃtıruu
pleurer (vi)	ыйлоо	ıjloo
posséder (vt)	ээ болуу	ee boluu
pouvoir (v aux)	жасай алуу	dʒasaj aluu
préférer (vt)	артык кθрγγ	artık køryy
prendre (vt)	алуу	aluu
prendre en note	кагазга тγшγрγγ	kagazga tyʃyryy
prendre le petit déjeuner	эртең менен тамактануу	erteŋ menen tamaktanuu
préparer (le dîner)	тамак бышыруу	tamak bıʃiruu
prévoir (vt)	кγтγγ	kytyy
prier (~ Dieu)	дуба кылуу	duba kıluu
promettre (vt)	убада берγγ	ubada beryy
prononcer (vt)	айтуу	ajtuu
proposer (vt)	сунуштоо	sunuʃtoo
punir (vt)	жазалоо	dʒazaloo

16. Les verbes les plus importants. Partie 4

recommander (vt)	сунуштоо	sunuʃtoo
regretter (vt)	θкγнγγ	økynyy
répéter (dire encore)	кайталоо	kajtaloo
répondre (vi, vt)	жооп берγγ	dʒoop beryy
réserver (une chambre)	камдык буйрутмалоо	kamdık bujrutmaloo
rester silencieux	унчукпоо	untʃukpoo
réunir (regrouper)	бириктирγγ	biriktiryy
rire (vi)	кγлγγ	kylyy
s'arrêter (vp)	токтоо	toktoo
s'asseoir (vp)	отуруу	oturuu

sauver (la vie à qn)	куткаруу	kutkaruu
savoir (qch)	билүү	bilyy
se baigner (vp)	сууга түшүү	suuga tyʃyy
se plaindre (vp)	арыздануу	arızdanuu
se refuser (vp)	баш тартуу	baʃ tartuu
se tromper (vp)	ката кетирүү	kata ketiryy
se vanter (vp)	мактануу	maktanuu
s'étonner (vp)	таң калуу	taŋ kaluu
s'excuser (vp)	кечирим суроо	ketʃirim suroo
signer (vt)	кол коюу	kol kojʉu
signifier (vt)	билдирүү	bildiryy
s'intéresser (vp)	... кызыгуу	... kızıguu
sortir (aller dehors)	чыгуу	tʃıguu
sourire (vi)	жылмаюу	dʒılmadʒʉu
sous-estimer (vt)	баалабоо	baalaboo
suivre ... (suivez-moi)	... ээрчүү	... eertʃyy
tirer (vi)	атуу	atuu
tomber (vi)	жыгылуу	dʒıgıluu
toucher (avec les mains)	тийүү	tijyy
tourner (~ à gauche)	бурулуу	buruluu
traduire (vt)	которуу	kotoruu
travailler (vi)	иштөө	iʃtøø
tromper (vt)	алдоо	aldoo
trouver (vt)	таап алуу	taap aluu
tuer (vt)	өлтүрүү	øltyryy
vendre (vt)	сатуу	satuu
venir (vi)	келүү	kelyy
voir (vt)	көрүү	køryy
voler (avion, oiseau)	учуу	utʃuu
voler (qch à qn)	уурдоо	uurdoo
vouloir (vt)	каалоо	kaaloo

LA NOTION DE TEMPS. LE CALENDRIER

17. Les jours de la semaine

lundi (m)	дүйшөмбү	dyjʃømby
mardi (m)	шейшемби	ʃejʃembi
mercredi (m)	шаршемби	ʃarʃembi
jeudi (m)	бейшемби	bejʃembi
vendredi (m)	жума	dʒuma
samedi (m)	ишенби	iʃenbi
dimanche (m)	жекшемби	dʒekʃembi
aujourd'hui (adv)	бүгүн	bygyn
demain (adv)	эртең	erteŋ
après-demain (adv)	бирсүгүнү	birsygyny
hier (adv)	кечээ	ketʃee
avant-hier (adv)	мурда күнү	murda kyny
jour (m)	күн	kyn
jour (m) ouvrable	иш күнү	iʃ kyny
jour (m) férié	майрам күнү	majram kyny
jour (m) de repos	дем алыш күн	dem alıʃ kyn
week-end (m)	дем алыш күндөр	dem alıʃ kyndør
toute la journée	күнү бою	kyny bojʉ
le lendemain	кийинки күнү	kijinki kyny
il y a 2 jours	эки күн мурун	eki kyn murun
la veille	жакында	dʒakında
quotidien (adj)	күндө	kyndø
tous les jours	күн сайын	kyn sajın
semaine (f)	жума	dʒuma
la semaine dernière	өткөн жумада	øtkøn dʒumada
la semaine prochaine	келаткан жумада	kelatkan dʒumada
hebdomadaire (adj)	жума сайын	dʒuma sajın
chaque semaine	жума сайын	dʒuma sajın
2 fois par semaine	жумасына эки жолу	dʒumasına eki dʒolu
tous les mardis	ар шейшемби	ar ʃejʃembi

18. Les heures. Le jour et la nuit

matin (m)	таң	taŋ
le matin	эртең менен	erteŋ menen
midi (m)	жарым күн	dʒarım kyn
dans l'après-midi	түштөн кийин	tyʃtøn kijin
soir (m)	кеч	ketʃ
le soir	кечинде	ketʃinde

nuit (f)	түн	tyn
la nuit	түндө	tyndø
minuit (f)	жарым түн	dʒarım tyn

seconde (f)	секунда	sekunda
minute (f)	мүнөт	mynøt
heure (f)	саат	saat
demi-heure (f)	жарым саат	dʒarım saat
un quart d'heure	чейрек саат	tʃejrek saat
quinze minutes	он беш мүнөт	on beʃ mynøt
vingt-quatre heures	сутка	sutka

lever (m) du soleil	күндүн чыгышы	kyndyn tʃıgıʃı
aube (f)	таң агаруу	taŋ agaruu
point (m) du jour	таң эрте	taŋ erte
coucher (m) du soleil	күн батуу	kyn batuu

tôt le matin	таң эрте	taŋ erte
ce matin	бүгүн эртең менен	bygyn erteŋ menen
demain matin	эртең эртең менен	erteŋ erteŋ menen

cet après-midi	күндүзү	kyndyzy
dans l'après-midi	түштөн кийин	tyʃtøn kijin
demain après-midi	эртең түштөн кийин	erteŋ tyʃtøn kijin

| ce soir | бүгүн кечинде | bygyn ketʃinde |
| demain soir | эртең кечинде | erteŋ ketʃinde |

à 3 heures précises	туура саат үчтө	tuura saat ytʃtø
autour de 4 heures	болжол менен төрт саат	boldʒol menen tørt saat
vers midi	саат он экиде	saat on ekide

dans 20 minutes	жыйырма мүнөттөн кийин	dʒıjırma mynøttøn kijin
dans une heure	бир сааттан кийин	bir saattan kijin
à temps	өз убагында	øz ubagında

... moins le quart	... он беш мүнөт калды	... on beʃ mynøt kaldı
en une heure	бир сааттын ичинде	bir saattın itʃinde
tous les quarts d'heure	он беш мүнөт сайын	on beʃ mynøt sajın
24 heures sur 24	бир сутка бою	bir sutka bojʉ

19. Les mois. Les saisons

janvier (m)	январь	janvarʲ
février (m)	февраль	fevralʲ
mars (m)	март	mart
avril (m)	апрель	aprelʲ
mai (m)	май	maj
juin (m)	июнь	ijʉnʲ

juillet (m)	июль	ijʉlʲ
août (m)	август	avgust
septembre (m)	сентябрь	sentʲabrʲ
octobre (m)	октябрь	oktʲabrʲ

novembre (m)	ноябрь	nojabrʲ
décembre (m)	декабрь	dekabrʲ
printemps (m)	жаз	dʒaz
au printemps	жазында	dʒazında
de printemps (adj)	жазгы	dʒazgı
été (m)	жай	dʒaj
en été	жайында	dʒajında
d'été (adj)	жайкы	dʒajkı
automne (m)	күз	kyz
en automne	күзүндө	kyzyndø
d'automne (adj)	күздүк	kyzdyk
hiver (m)	кыш	kıʃ
en hiver	кышында	kıʃında
d'hiver (adj)	кышкы	kıʃkı
mois (m)	ай	aj
ce mois	ушул айда	uʃul ajda
le mois prochain	кийинки айда	kijinki ajda
le mois dernier	өткөн айда	øtkøn ajda
il y a un mois	бир ай мурун	bir aj murun
dans un mois	бир айдан кийин	bir ajdan kijin
dans 2 mois	эки айдан кийин	eki ajdan kijin
tout le mois	ай бою	aj bojʉ
tout un mois	толук бир ай	toluk bir aj
mensuel (adj)	ай сайын	aj sajın
mensuellement	ай сайын	aj sajın
chaque mois	ар бир айда	ar bir ajda
2 fois par mois	айына эки жолу	ajına eki dʒolu
année (f)	жыл	dʒıl
cette année	бул жылы	bul dʒılı
l'année prochaine	келаткан жылы	kelatkan dʒılı
l'année dernière	өткөн жылы	øtkøn dʒılı
il y a un an	бир жыл мурун	bir dʒıl murun
dans un an	бир жылдан кийин	bir dʒıldan kijin
dans 2 ans	эки жылдан кийин	eki dʒıldan kijin
toute l'année	жыл бою	dʒıl bodʒʉ
toute une année	толук бир жыл	toluk bir dʒıl
chaque année	ар жыл сайын	ar dʒıl sajın
annuel (adj)	жыл сайын	dʒıl sajın
annuellement	жыл сайын	dʒıl sajın
4 fois par an	жылына төрт жолу	dʒılına tørt dʒolu
date (f) (jour du mois)	число	tʃislo
date (f) (~ mémorable)	күн	kyn
calendrier (m)	календарь	kalendarʲ
six mois	жарым жыл	dʒarım dʒıl
semestre (m)	жарым чейрек	dʒarım tʃejrek

| saison (f) | **мезгил** | mezgil |
| siècle (m) | **кылым** | kılım |

LES VOYAGES. L'HÔTEL

20. Les voyages. Les excursions

tourisme (m)	туризм	turizm
touriste (m)	турист	turist
voyage (m) (à l'étranger)	саякат	sajakat
aventure (f)	укмуштуу окуя	ukmuʃtuu okuja
voyage (m)	сапар	sapar
vacances (f pl)	дем алыш	dem alıʃ
être en vacances	дем алышка чыгуу	dem alıʃka ʧıguu
repos (m) (jours de ~)	эс алуу	es aluu
train (m)	поезд	poezd
en train	поезд менен	poezd menen
avion (m)	учак	uʧak
en avion	учакта	uʧakta
en voiture	автомобилде	avtomobilde
en bateau	кемеде	kemede
bagage (m)	жүк	dʒyk
malle (f)	чемодан	ʧemodan
chariot (m)	араба	araba
passeport (m)	паспорт	pasport
visa (m)	виза	viza
ticket (m)	билет	bilet
billet (m) d'avion	авиабилет	aviabilet
guide (m) (livre)	жол көрсөткүч	dʒol kørsøtkyʧ
carte (f)	карта	karta
région (f) (~ rurale)	жай	dʒaj
endroit (m)	жер	dʒer
exotisme (m)	экзотика	ekzotika
exotique (adj)	экзотикалуу	ekzotikaluu
étonnant (adj)	ажайып	adʒajıp
groupe (m)	топ	top
excursion (f)	экскурсия	ekskursija
guide (m) (personne)	экскурсия жетекчиси	ekskursija dʒetekʧisi

21. L'hôtel

hôtel (m), auberge (f)	мейманкана	mejmankana
motel (m)	мотель	motelʲ
3 étoiles	үч жылдыздуу	yʧ dʒıldızduu

5 étoiles	беш жылдыздуу	beʃ dʒıldızduu
descendre (à l'hôtel)	токтоо	toktoo
chambre (f)	номер	nomer
chambre (f) simple	бир орундуу	bir orunduu
chambre (f) double	эки орундуу	eki orunduu
réserver une chambre	номерди камдык	nomerdi kamdık
	буйрутмалоо	bujrutmaloo
demi-pension (f)	жарым пансион	dʒarım pansion
pension (f) complète	толук пансион	toluk pansion
avec une salle de bain	ваннасы менен	vannası menen
avec une douche	душ менен	duʃ menen
télévision (f) par satellite	спутник	sputnik
climatiseur (m)	аба желдеткич	aba dʒeldetkiʧ
serviette (f)	сүлгү	sylgy
clé (f)	ачкыч	atʃkıʧ
administrateur (m)	администратор	administrator
femme (f) de chambre	үй кызматкери	yj kızmatkeri
porteur (m)	жүк ташуучу	dʒyk taʃuuʧu
portier (m)	эшик ачуучу	eʃik atʃuuʧu
restaurant (m)	ресторан	restoran
bar (m)	бар	bar
petit déjeuner (m)	таңкы тамак	taŋkı tamak
dîner (m)	кечки тамак	ketʃki tamak
buffet (m)	шведче стол	ʃvedʧe stol
hall (m)	вестибюль	vestibulʲ
ascenseur (m)	лифт	lift
PRIÈRE DE NE PAS DÉRANGER	ТЫНЧЫБЫЗДЫ АЛБАГЫЛА!	tıntʃıbızdı albagıla!
DÉFENSE DE FUMER	ТАМЕКИ ЧЕГҮҮГӨ БОЛБОЙТ!	tameki ʧegyygø bolbojt!

22. Le tourisme

monument (m)	эстелик	estelik
forteresse (f)	чеп	ʧep
palais (m)	сарай	saraj
château (m)	сепил	sepil
tour (f)	мунара	munara
mausolée (m)	күмбөз	kymbøz
architecture (f)	архитектура	arxitektura
médiéval (adj)	орто кылымдык	orto kılımdık
ancien (adj)	байыркы	bajırkı
national (adj)	улуттук	uluttuk
connu (adj)	таанымал	taanımal
touriste (m)	турист	turist
guide (m) (personne)	гид	gid

excursion (f)	экскурсия	ekskursija
montrer (vt)	көрсөтүү	kørsøtyy
raconter (une histoire)	айтып берүү	ajtıp beryy

trouver (vt)	табуу	tabuu
se perdre (vp)	адашып кетүү	adaʃıp ketyy
plan (m) (du metro, etc.)	схема	sχema
carte (f) (de la ville, etc.)	план	plan

souvenir (m)	асембелек	asembelek
boutique (f) de souvenirs	асембелек дүкөнү	asembelek dykøny
prendre en photo	сүрөткө тартуу	syrøtkø tartuu
se faire prendre en photo	сүрөткө түшүү	syrøtkø tyʃyy

LES TRANSPORTS

23. L'aéroport

aéroport (m)	аэропорт	aeroport
avion (m)	учак	utʃak
compagnie (f) aérienne	авиакомпания	aviakompanija
contrôleur (m) aérien	авиадиспетчер	aviadispettʃer

départ (m)	учуп кетүү	utʃup ketyy
arrivée (f)	учуп келүү	utʃup kelyy
arriver (par avion)	учуп келүү	utʃup kelyy

temps (m) de départ	учуп кетүү убактысы	utʃup ketyy ubaktısı
temps (m) d'arrivée	учуп келүү убактысы	utʃup kelyy ubaktısı

être retardé	кармалуу	karmaluu
retard (m) de l'avion	учуп кетүүнүн кечигиши	utʃup ketyynyn ketʃigiʃi

tableau (m) d'informations	маалымат таблосу	maalımat tablosu
information (f)	маалымат	maalımat
annoncer (vt)	кулактандыруу	kulaktandıruu
vol (m)	рейс	rejs

douane (f)	бажыкана	badʒıkana
douanier (m)	бажы кызматкери	badʒı kızmatkeri

déclaration (f) de douane	бажы декларациясы	badʒı deklaraʦijası
remplir (vt)	толтуруу	tolturuu
remplir la déclaration	декларация толтуруу	deklaraʦija tolturuu
contrôle (m) de passeport	паспорт текшерүү	pasport tekʃeryy

bagage (m)	жүк	dʒyk
bagage (m) à main	кол жүгү	kol dʒygy
chariot (m)	араба	araba

atterrissage (m)	конуу	konuu
piste (f) d'atterrissage	конуу тилкеси	konuu tilkesi
atterrir (vi)	конуу	konuu
escalier (m) d'avion	трап	trap

enregistrement (m)	катталуу	kattaluu
comptoir (m) d'enregistrement	каттоо стойкасы	kattoo stojkası
s'enregistrer (vp)	катталуу	kattaluu
carte (f) d'embarquement	отуруу үчүн талон	oturuu ytʃyn talon
porte (f) d'embarquement	чыгуу	tʃıguu

transit (m)	транзит	tranzit
attendre (vt)	күтүү	kytyy
salle (f) d'attente	күтүү залы	kutyy zalı

| raccompagner (à l'aéroport, etc.) | узатуу | uzatuu |
| dire au revoir | коштошуу | koʃtoʃuu |

24. L'avion

avion (m)	учак	utʃak
billet (m) d'avion	авиабилет	aviabilet
compagnie (f) aérienne	авиакомпания	aviakompanija
aéroport (m)	аэропорт	aeroport
supersonique (adj)	сверхзвуковой	sverχzvukovoj

commandant (m) de bord	кеме командири	keme komandiri
équipage (m)	экипаж	ekipadʒ
pilote (m)	учкуч	utʃkutʃ
hôtesse (f) de l'air	стюардесса	stɰardessa
navigateur (m)	штурман	ʃturman

ailes (f pl)	канаттар	kanattar
queue (f)	куйрук	kujruk
cabine (f)	кабина	kabina
moteur (m)	кыймылдаткыч	kɪjmɪldatkɪtʃ

| train (m) d'atterrissage | шасси | ʃassi |
| turbine (f) | турбина | turbina |

| hélice (f) | пропеллер | propeller |
| boîte (f) noire | кара куту | kara kutu |

| gouvernail (m) | штурвал | ʃturval |
| carburant (m) | күйүүчү май | kyjyytʃy may |

consigne (f) de sécurité	коопсуздук көрсөтмөсү	koopsuzduk kørsøtmøsy
masque (m) à oxygène	кислород чүмбөтү	kislorod tʃymbøty
uniforme (m)	бир беткей кийим	bir betkey kijim

| gilet (m) de sauvetage | куткаруучу күрмө | kutkaruutʃu kyrmø |
| parachute (m) | парашют | paraʃɰt |

décollage (m)	учуп көтөрүлүү	utʃup køtørylyy
décoller (vi)	учуп көтөрүлүү	utʃup køtørylyy
piste (f) de décollage	учуп чыгуу тилкеси	utʃup tʃɪguu tilkesi

| visibilité (f) | көрүнүш | kørynyʃ |
| vol (m) (~ d'oiseau) | учуу | utʃuu |

| altitude (f) | бийиктик | bijiktik |
| trou (m) d'air | аба чуңкуру | aba tʃuŋkuru |

place (f)	орун	orun
écouteurs (m pl)	кулакчын	kulaktʃɪn
tablette (f)	бүктөлмө стол	byktølmø stol
hublot (m)	иллюминатор	illɰminator
couloir (m)	өтмөк	øtmøk

25. Le train

train (m)	поезд	poezd
train (m) de banlieue	электричка	elektritʃka
TGV (m)	бат жүрүүчү поезд	bat dʒyryytʃy poezd
locomotive (f) diesel	тепловоз	teplovoz
locomotive (f) à vapeur	паровоз	parovoz
wagon (m)	вагон	vagon
wagon-restaurant (m)	вагон-ресторан	vagon-restoran
rails (m pl)	рельсалар	relʲsalar
chemin (m) de fer	темир жолу	temir dʒolu
traverse (f)	шпала	ʃpala
quai (m)	платформа	platforma
voie (f)	жол	dʒol
sémaphore (m)	семафор	semafor
station (f)	бекет	beket
conducteur (m) de train	машинист	maʃinist
porteur (m)	жук ташуучу	dʒuk taʃuutʃu
steward (m)	проводник	provodnik
passager (m)	жүргүнчү	dʒyrgyntʃy
contrôleur (m) de billets	текшерүүчү	tekʃeryytʃy
couloir (m)	коридор	koridor
frein (m) d'urgence	стоп-кран	stop-kran
compartiment (m)	купе	kupe
couchette (f)	текче	tektʃe
couchette (f) d'en haut	үстүңкү текче	ystyŋky tektʃe
couchette (f) d'en bas	ылдыйкы текче	ıldıjkı tektʃe
linge (m) de lit	жууркан-төшөк	dʒuurkan-tøʃøk
ticket (m)	билет	bilet
horaire (m)	ырааттама	ıraattama
tableau (m) d'informations	табло	tablo
partir (vi)	жөнөө	dʒønøø
départ (m) (du train)	жөнөө	dʒønøø
arriver (le train)	келүү	kelyy
arrivée (f)	келүү	kelyy
arriver en train	поезд менен келүү	poezd menen kelyy
prendre le train	поездге отуруу	poezdge oturuu
descendre du train	поездден түшүү	poezdden tyʃyy
accident (m) ferroviaire	кыйроо	kıjroo
dérailler (vi)	рельсадан чыгып кетүү	relʲsadan tʃıgıp ketyy
locomotive (f) à vapeur	паровоз	parovoz
chauffeur (m)	от жагуучу	ot dʒaguutʃu
chauffe (f)	меш	meʃ
charbon (m)	көмүр	kømyr

26. Le bateau

bateau (m)	кеме	keme
navire (m)	кеме	keme
bateau (m) à vapeur	пароход	paroχod
paquebot (m)	теплоход	teploχod
bateau (m) de croisière	лайнер	lajner
croiseur (m)	крейсер	krejser
yacht (m)	яхта	jaχta
remorqueur (m)	буксир	buksir
péniche (f)	баржа	bardʒa
ferry (m)	паром	parom
voilier (m)	парус	parus
brigantin (m)	бригантина	brigantina
brise-glace (m)	муз жаргыч кеме	muz dʒargıtʃ keme
sous-marin (m)	суу астында жүрүүчү кеме	suu astında dʒyryytʃy keme
canot (m) à rames	кайык	kajık
dinghy (m)	шлюпка	ʃlʉpka
canot (m) de sauvetage	куткаруу шлюпкасы	kutkaruu ʃlʉpkası
canot (m) à moteur	катер	kater
capitaine (m)	капитан	kapitan
matelot (m)	матрос	matros
marin (m)	деңизчи	deŋiztʃi
équipage (m)	экипаж	ekipadʒ
maître (m) d'équipage	боцман	botsman
mousse (m)	юнга	jʉnga
cuisinier (m) du bord	кок	kok
médecin (m) de bord	кеме доктуру	keme dokturu
pont (m)	палуба	paluba
mât (m)	мачта	matʃta
voile (f)	парус	parus
cale (f)	трюм	trʉm
proue (f)	тумшук	tumʃuk
poupe (f)	кеменин арткы бөлүгү	kemenin artkı bølygy
rame (f)	калак	kalak
hélice (f)	винт	vint
cabine (f)	каюта	kajʉta
carré (m) des officiers	кают-компания	kajʉt-kompanija
salle (f) des machines	машина бөлүгү	maʃina bølygy
passerelle (f)	капитан мостиги	kapitan mostigi
cabine (f) de T.S.F.	радиорубка	radiorubka
onde (f)	толкун	tolkun
journal (m) de bord	кеме журналы	keme dʒurnalı
longue-vue (f)	дүрбү	dyrby

| cloche (f) | конгуроо | konguroo |
| pavillon (m) | байрак | bajrak |

| grosse corde (f) tressée | аркан | arkan |
| nœud (m) marin | түйүн | tyjyn |

| rampe (f) | туткуч | tutkutʃ |
| passerelle (f) | трап | trap |

ancre (f)	кеме казык	keme kazık
lever l'ancre	кеме казыкты көтөрүү	keme kazıktı køtøryy
jeter l'ancre	кеме казыкты таштоо	keme kazıktı taʃtoo
chaîne (f) d'ancrage	казык чынжыры	kazık tʃındʒırı

port (m)	порт	port
embarcadère (m)	причал	pritʃal
accoster (vi)	келип токтоо	kelip toktoo
larguer les amarres	жээктен алыстоо	dʒeekten alıstoo

voyage (m) (à l'étranger)	саякат	sajakat
croisière (f)	дениз саякаты	deŋiz sajakatı
cap (m) (suivre un ~)	курс	kurs
itinéraire (m)	каттам	kattam

chenal (m)	фарватер	farvater
bas-fond (m)	тайыз жер	tajız dʒer
échouer sur un bas-fond	тайыз жерге отуруу	tajız dʒerge oturuu

tempête (f)	бороон чапкын	boroon tʃapkın
signal (m)	сигнал	signal
sombrer (vi)	чөгүү	tʃøgyy
Un homme à la mer!	Сууда адам бар!	suuda adam bar!
SOS (m)	SOS	sos
bouée (f) de sauvetage	куткаруучу тегерек	kutkaruutʃu tegerek

LA VILLE

27. Les transports en commun

autobus (m)	автобус	avtobus
tramway (m)	трамвай	tramvaj
trolleybus (m)	троллейбус	trollejbus
itinéraire (m)	каттам	kattam
numéro (m)	номер	nomer
prendre ...	... жүрүү	... dʒyryy
monter (dans l'autobus)	... отуруу	... oturuu
descendre de ...	... түшүп калуу	... tyʃyp kaluu
arrêt (m)	аялдама	ajaldama
arrêt (m) prochain	кийинки аялдама	kijinki ajaldama
terminus (m)	акыркы аялдама	akırkı ajaldama
horaire (m)	ырааттама	ıraattama
attendre (vt)	күтүү	kytyy
ticket (m)	билет	bilet
prix (m) du ticket	билеттин баасы	bilettin baası
caissier (m)	кассир	kassir
contrôle (m) des tickets	текшерүү	tekʃeryy
contrôleur (m)	текшерүүчү	tekʃeryytʃy
être en retard	кечигүү	ketʃigyy
rater (~ le train)	кечигип калуу	ketʃigip kaluu
se dépêcher	шашуу	ʃaʃuu
taxi (m)	такси	taksi
chauffeur (m) de taxi	такси айдоочу	taksi ajdootʃu
en taxi	таксиде	takside
arrêt (m) de taxi	такси токтоочу жай	taksi toktootʃu dʒaj
appeler un taxi	такси чакыруу	taksi tʃakıruu
prendre un taxi	такси кармоо	taksi karmoo
trafic (m)	кече кыймылы	køtʃø kıjmılı
embouteillage (m)	тыгын	tıgın
heures (f pl) de pointe	кызуу маал	kızuu maal
se garer (vp)	токтотуу	toktotuu
garer (vt)	машинаны жайлаштыруу	maʃinanı dʒajlaʃtıruu
parking (m)	унаа токтоочу жай	unaa toktootʃu dʒaj
métro (m)	метро	metro
station (f)	бекет	beket
prendre le métro	метродо жүрүү	metrodo dʒyryy
train (m)	поезд	poezd
gare (f)	вокзал	vokzal

28. La ville. La vie urbaine

ville (f)	шаар	ʃaar
capitale (f)	борбор	borbor
village (m)	кыштак	kıʃtak
plan (m) de la ville	шаардын планы	ʃaardın planı
centre-ville (m)	шаардын борбору	ʃaardın borboru
banlieue (f)	шаардын чет жакасы	ʃaardın tʃet dʒakası
de banlieue (adj)	шаардын чет жакасындагы	ʃaardın tʃet dʒakasındagı
périphérie (f)	чет-жака	tʃet-dʒaka
alentours (m pl)	чет-жака	tʃet-dʒaka
quartier (m)	квартал	kvartal
quartier (m) résidentiel	турак-жай кварталы	turak-dʒaj kvartalı
trafic (m)	көчө кыймылы	køtʃø kıjmılı
feux (m pl) de circulation	светофор	svetofor
transport (m) urbain	шаар транспорту	ʃaar transportu
carrefour (m)	кесилиш	kesiliʃ
passage (m) piéton	жөө жүрүүчүлөр жолу	dʒøø dʒyryytʃylør dʒolu
passage (m) souterrain	жер астындагы жол	dʒer astındagı dʒol
traverser (vt)	жолду өтүү	dʒoldu øtyy
piéton (m)	жөө жүрүүчү	dʒøø dʒyryytʃy
trottoir (m)	жанжол	dʒandʒol
pont (m)	көпүрө	køpyrø
quai (m)	жээк жол	dʒeek dʒol
fontaine (f)	фонтан	fontan
allée (f)	аллея	alleja
parc (m)	сейил багы	sejil bagı
boulevard (m)	бульвар	bulʲvar
place (f)	аянт	ajant
avenue (f)	проспект	prospekt
rue (f)	көчө	køtʃø
ruelle (f)	чолок көчө	tʃolok køtʃø
impasse (f)	туюк көчө	tujuk køtʃø
maison (f)	үй	yj
édifice (m)	имарат	imarat
gratte-ciel (m)	көк тиреген көп кабаттуу үй	køk tiregen køp kabattuu yj
façade (f)	үйдүн алды	yjdyn aldı
toit (m)	чатыр	tʃatır
fenêtre (f)	терезе	tereze
arc (m)	туркук	tyrkyk
colonne (f)	мамы	mamı
coin (m)	бурч	burtʃ
vitrine (f)	көрсөтмө айнек үкөк	kørsøtmø ajnek ykøk
enseigne (f)	көрнөк	kørnøk

affiche (f)	афиша	afiʃa
affiche (f) publicitaire	көрнөк-жарнак	kørnøk-dʒarnak
panneau-réclame (m)	жарнамалык такта	dʒarnamalık takta

ordures (f pl)	таштанды	taʃtandı
poubelle (f)	таштанды челек	taʃtandı tʃelek
jeter à terre	таштоо	taʃtoo
décharge (f)	таштанды үйүлгөн жер	taʃtandı yjylgøn dʒer

cabine (f) téléphonique	телефон будкасы	telefon budkası
réverbère (m)	чырак мамы	tʃırak mamı
banc (m)	отургуч	oturgutʃ

policier (m)	полиция кызматкери	politsija kızmatkeri
police (f)	полиция	politsija
clochard (m)	кайырчы	kajırtʃı
sans-abri (m)	селсаяк	selsajak

29. Les institutions urbaines

magasin (m)	дүкөн	dykøn
pharmacie (f)	дарыкана	darıkana
opticien (m)	оптика	optika
centre (m) commercial	соода борбору	sooda borboru
supermarché (m)	супермаркет	supermarket

boulangerie (f)	нан дүкөнү	nan dykøny
boulanger (m)	навайчы	navajtʃı
pâtisserie (f)	кондитердик дүкөн	konditerdik dykøn
épicerie (f)	азык-түлүк	azık-tylyk
boucherie (f)	эт дүкөнү	et dykøny

magasin (m) de légumes	жашылча дүкөнү	dʒaʃıltʃa dykøny
marché (m)	базар	bazar

salon (m) de café	кофекана	kofekana
restaurant (m)	ресторан	restoran
brasserie (f)	сыракана	sırakana
pizzeria (f)	пиццерия	pitserija

salon (m) de coiffure	чач тарач	tʃatʃ taratʃ
poste (f)	почта	potʃta
pressing (m)	химиялык тазалоо	ximijalık tazaloo
atelier (m) de photo	фотоателье	fotoatelje

magasin (m) de chaussures	бут кийим дүкөнү	but kijim dykøny
librairie (f)	китеп дүкөнү	kitep dykøny
magasin (m) d'articles de sport	спорт буюмдар дүкөнү	sport bujumdar dykøny

atelier (m) de retouche	кийим ондоочу жай	kijim ondootʃu dʒaj
location (f) de vêtements	кийимди ижарага берүү	kijimdi idʒaraga beryy
location (f) de films	тасмаларды ижарага берүү	tasmalardı idʒaraga beryy
cirque (m)	цирк	tsırk

zoo (m)	зоопарк	zoopark
cinéma (m)	кинотеатр	kinoteatr
musée (m)	музей	muzej
bibliothèque (f)	китепкана	kitepkana
théâtre (m)	театр	teatr
opéra (m)	опера	opera
boîte (f) de nuit	түнкү клуб	tynky klub
casino (m)	казино	kazino
mosquée (f)	мечит	metʃit
synagogue (f)	синагога	sinagoga
cathédrale (f)	чоң чиркөө	tʃoŋ tʃirkøø
temple (m)	ибадаткана	ibadatkana
église (f)	чиркөө	tʃirkøø
institut (m)	коллеж	kolledʒ
université (f)	университет	universitet
école (f)	мектеп	mektep
préfecture (f)	префектура	prefektura
mairie (f)	мэрия	merija
hôtel (m)	мейманкана	mejmankana
banque (f)	банк	bank
ambassade (f)	элчилик	eltʃilik
agence (f) de voyages	турагенттиги	turagenttigi
bureau (m) d'information	маалымат бюросу	maalımat bʉrosu
bureau (m) de change	алмаштыруу пункту	almaʃtıruu punktu
métro (m)	метро	metro
hôpital (m)	оорукана	oorukana
station-service (f)	май куюучу станция	maj kujʉutʃu stantsija
parking (m)	унаа токтоочу жай	unaa toktootʃu dʒaj

30. Les enseignes. Les panneaux

enseigne (f)	көрнөк	kørnøk
pancarte (f)	жазуу	dʒazuu
poster (m)	көрнөк	kørnøk
indicateur (m) de direction	көрсөткүч	kørsøtkytʃ
flèche (f)	жебе	dʒebe
avertissement (m)	эскертме	ekertme
panneau d'avertissement	эскертүү белгиси	eskertyy belgisi
avertir (vt)	эскертүү	eskertyy
jour (m) de repos	дем алыш күн	dem alıʃ kyn
horaire (m)	ырааттама	ıraattama
heures (f pl) d'ouverture	иш сааттары	iʃ saattarı
BIENVENUE!	КОШ КЕЛИҢИЗДЕР!	koʃ keliŋizder!
ENTRÉE	КИРҮҮ	kiryy

SORTIE	ЧЫГУУ	tʃɯguu
POUSSER	ӨЗҮҢҮЗДӨН ТҮРТҮҢҮЗ	øzyŋyzdøn tyrtyŋyz
TIRER	ӨЗҮҢҮЗГӨ ТАРТЫҢЫЗ	øzyŋyzgø tartɯŋɯz
OUVERT	АЧЫК	atʃɯk
FERMÉ	ЖАБЫК	dʒabɯk

| FEMMES | АЙЫМДАР ҮЧҮН | ajɯmdar ytʃyn |
| HOMMES | ЭРКЕКТЕР ҮЧҮН | erkekter ytʃyn |

RABAIS	АРЗАНДАТУУЛАР	arzandatuular
SOLDES	САТЫП ТҮГӨТҮҮ	satɯp tygøtyy
NOUVEAU!	СААМАЛЫК!	saamalɯk!
GRATUIT	БЕКЕР	beker

ATTENTION!	КӨҢҮЛ БУРУҢУЗ!	køŋyl buruŋuz!
COMPLET	ОРУН ЖОК	orun dʒok
RÉSERVÉ	КАМДЫК БУЙРУТМАЛАГАН	kamdɯk bujrutmalagan

| ADMINISTRATION | АДМИНИСТРАЦИЯ | administratsija |
| RÉSERVÉ AU PERSONNEL | ЖААМАТ ҮЧҮН ГАНА | dʒaamat ytʃyn gana |

ATTENTION CHIEN MÉCHANT	КАБАНААК ИТ	kabanaak it
DÉFENSE DE FUMER	ТАМЕКИ ЧЕГҮҮГӨ БОЛБОЙТ!	tameki tʃegyygø bolbojt!
PRIÈRE DE NE PAS TOUCHER	КОЛУҢАР МЕНЕН КАРМАБАГЫЛА!	koluŋar menen karmabagɯla!

DANGEREUX	КООПТУУ	kooptuu
DANGER	КОРКУНУЧ	korkunutʃ
HAUTE TENSION	ЖОГОРКУ ЧЫҢАЛУУ	dʒogorku tʃɯŋaluu
BAIGNADE INTERDITE	СУУГА ТҮШҮҮГӨ БОЛБОЙТ	suuga tyʃyygø bolbojt
HORS SERVICE	ИШТЕБЕЙТ	iʃtebejt

INFLAMMABLE	ӨРТ ЧЫГУУ КОРКУНУЧУ	ørt tʃɯguu korkunutʃu
INTERDIT	ТЫЮУ САЛЫНГАН	tɯjuu salɯngan
PASSAGE INTERDIT	ӨТҮҮГӨ БОЛБОЙТ	øtyygø bolbojt
PEINTURE FRAÎCHE	СЫРДАЛГАН	sɯrdalgan

31. Le shopping

acheter (vt)	сатып алуу	satɯp aluu
achat (m)	сатып алуу	satɯp aluu
faire des achats	сатып алууга чыгуу	satɯp aluuga tʃɯguu
shopping (m)	базарчылоо	bazartʃɯloo

| être ouvert | иштөө | iʃtøø |
| être fermé | жабылуу | dʒabɯluu |

chaussures (f pl)	бут кийим	but kijim
vêtement (m)	кийим-кече	kijim-ketʃe
produits (m pl) de beauté	упа-эндик	upa-endik

| produits (m pl) alimentaires | азык-түлүк | azık-tylyk |
| cadeau (m) | белек | belek |

| vendeur (m) | сатуучу | satuutʃu |
| vendeuse (f) | сатуучу кыз | satuutʃu kız |

caisse (f)	касса	kassa
miroir (m)	күзгү	kyzgy
comptoir (m)	прилавок	prilavok
cabine (f) d'essayage	кийим ченөөчү бөлмө	kijim tʃenøøtʃy bølmø

essayer (robe, etc.)	кийим ченөө	kijim tʃenøø
aller bien (robe, etc.)	ылайык келүү	ılajık kelyy
plaire (être apprécié)	жактыруу	dʒaktıruu

prix (m)	баа	baa
étiquette (f) de prix	баа	baa
coûter (vt)	туруу	turuu
Combien?	Канча?	kantʃa?
rabais (m)	арзандатуу	arzandatuu

pas cher (adj)	кымбат эмес	kımbat emes
bon marché (adj)	арзан	arzan
cher (adj)	кымбат	kımbat
C'est cher	Бул кымбат	bul kımbat

location (f)	ижара	idʒara
louer (une voiture, etc.)	ижарага алуу	idʒaraga aluu
crédit (m)	насыя	nasıja
à crédit (adv)	насыяга алуу	nasıjaga aluu

LES VÊTEMENTS & LES ACCESSOIRES

32. Les vêtements d'extérieur

vêtement (m)	кийим	kijim
survêtement (m)	үстүңкү кийим	ystyŋky kijim
vêtement (m) d'hiver	кышкы кийим	kɪʃkɪ kijim
manteau (m)	пальто	palʲto
manteau (m) de fourrure	тон	ton
veste (f) de fourrure	чолок тон	ʧolok ton
manteau (m) de duvet	мамык олпок	mamɪk olpok
veste (f) (~ en cuir)	күрмө	kyrmø
imperméable (m)	плащ	plaʃʧ
imperméable (adj)	суу өткүс	suu øtkys

33. Les vêtements

chemise (f)	көйнөк	køjnøk
pantalon (m)	шым	ʃim
jean (m)	джинсы	dʒinsɪ
veston (m)	бешмант	beʃmant
complet (m)	костюм	kostʉm
robe (f)	көйнөк	køjnøk
jupe (f)	юбка	jʉbka
chemisette (f)	блузка	bluzka
veste (f) en laine	кофта	kofta
jaquette (f), blazer (m)	кыска бешмант	kɪska beʃmant
tee-shirt (m)	футболка	futbolka
short (m)	чолок шым	ʧolok ʃim
costume (m) de sport	спорт кийими	sport kijimi
peignoir (m) de bain	халат	χalat
pyjama (m)	пижама	pidʒama
chandail (m)	свитер	sviter
pull-over (m)	пуловер	pulover
gilet (m)	жилет	dʒilet
queue-de-pie (f)	фрак	frak
smoking (m)	смокинг	smoking
uniforme (m)	форма	forma
tenue (f) de travail	жумуш кийим	dʒumuʃ kijim
salopette (f)	комбинезон	kombinezon
blouse (f) (d'un médecin)	халат	χalat

34. Les sous-vêtements

sous-vêtements (m pl)	ич кийим	itʃ kijim
boxer (m)	эркектер чолок дамбалы	erkekter tʃolok dambalı
slip (m) de femme	аялдар трусиги	ajaldar trusigi
maillot (m) de corps	майка	majka
chaussettes (f pl)	байпак	bajpak

chemise (f) de nuit	жатаарда кийүүчү көйнөк	dʒataarda kijyytʃy køjnøk
soutien-gorge (m)	бюстгальтер	bustgalʲter
chaussettes (f pl) hautes	гольфы	golʲfı
collants (m pl)	колготки	kolgotki
bas (m pl)	байпак	bajpak
maillot (m) de bain	купальник	kupalʲnik

35. Les chapeaux

chapeau (m)	топу	topu
chapeau (m) feutre	шляпа	ʃlʲapa
casquette (f) de base-ball	бейсболка	bejsbolka
casquette (f)	кепка	kepka

béret (m)	берет	beret
capuche (f)	капюшон	kapuʃon
panama (m)	панамка	panamka
bonnet (m) de laine	токулган шапка	tokulgan ʃapka

foulard (m)	жоолук	dʒooluk
chapeau (m) de femme	шляпа	ʃlʲapa

casque (m) (d'ouvriers)	каска	kaska
calot (m)	пилотка	pilotka
casque (m) (~ de moto)	шлем	ʃlem

melon (m)	котелок	kotelok
haut-de-forme (m)	цилиндр	tsılindr

36. Les chaussures

chaussures (f pl)	бут кийим	but kijim
bottines (f pl)	ботинка	botinka
souliers (m pl) (~ plats)	туфли	tufli
bottes (f pl)	өтүк	øtyk
chaussons (m pl)	тапочка	tapotʃka

tennis (m pl)	кроссовка	krossovka
baskets (f pl)	кеды	kedı
sandales (f pl)	сандалии	sandalii

cordonnier (m)	өтүкчү	øtyktʃy
talon (m)	така	taka

paire (f)	түгөй	tygøj
lacet (m)	боо	boo
lacer (vt)	боолоо	booloo
chausse-pied (m)	кашык	kaʃik
cirage (m)	өтүк май	øtyk maj

37. Les accessoires personnels

gants (m pl)	колкап	kolkap
moufles (f pl)	мээлей	meelej
écharpe (f)	моюн орогуч	mojʉn oroguʧ

lunettes (f pl)	көз айнек	køz ajnek
monture (f)	алкак	alkak
parapluie (m)	чатырча	ʧatırʧa
canne (f)	аса таяк	asa tajak
brosse (f) à cheveux	тарак	tarak
éventail (m)	желпингич	dʒelpingiʧ

cravate (f)	галстук	galstuk
nœud papillon (m)	галстук-бабочка	galstuk-babotʃka
bretelles (f pl)	шым тарткыч	ʃim tartkıʧ
mouchoir (m)	бетаарчы	betaartʃı

peigne (m)	тарак	tarak
barrette (f)	чачсайгы	ʧatʃsajgı
épingle (f) à cheveux	шпилька	ʃpilʲka
boucle (f)	таралга	taralga

ceinture (f)	кайыш кур	kajıʃ kur
bandoulière (f)	илгич	ilgiʧ

sac (m)	колбаштык	kolbaʃtık
sac (m) à main	кичине колбаштык	kitʃine kolbaʃtık
sac (m) à dos	жонбаштык	dʒonbaʃtık

38. Les vêtements. Divers

mode (f)	мода	moda
à la mode (adj)	саркеч	sarketʃ
couturier, créateur de mode	модельер	modeljer

col (m)	жака	dʒaka
poche (f)	чөнтөк	ʧøntøk
de poche (adj)	чөнтөк	ʧøntøk
manche (f)	жең	dʒeŋ
bride (f)	илгич	ilgiʧ
braguette (f)	ширинка	ʃirinka

fermeture (f) à glissière	молния	molnija
agrafe (f)	топчулук	toptʃuluk
bouton (m)	топчу	toptʃu

| boutonnière (f) | илмек | ilmek |
| s'arracher (bouton) | үзүлүү | yzylyy |

coudre (vi, vt)	тигүү	tigyy
broder (vt)	сайма саюу	sajma sajɯu
broderie (f)	сайма	sajma
aiguille (f)	ийне	ijne
fil (m)	жип	dʒip
couture (f)	тигиш	tigiʃ

se salir (vp)	булгап алуу	bulgap aluu
tache (f)	так	tak
se froisser (vp)	бырышып калуу	bırıʃıp kaluu
déchirer (vt)	айрылуу	ajrıluu
mite (f)	күбө	kybø

39. L'hygiène corporelle. Les cosmétiques

dentifrice (m)	тиш пастасы	tiʃ pastası
brosse (f) à dents	тиш щёткасы	tiʃ ʃtʃotkası
se brosser les dents	тиш жуу	tiʃ dʒuu

rasoir (m)	устара	ustara
crème (f) à raser	кырынуу үчүн көбүк	kırınuu ytʃyn købyk
se raser (vp)	кырынуу	kırınuu

| savon (m) | самын | samın |
| shampooing (m) | шампунь | ʃampunʲ |

ciseaux (m pl)	кайчы	kajtʃı
lime (f) à ongles	тырмак өгөө	tırmak øgøø
pinces (f pl) à ongles	тырмак кычкачы	tırmak kıtʃkatʃı
pince (f) à épiler	искек	iskek

produits (m pl) de beauté	упа-эндик	upa-endik
masque (m) de beauté	маска	maska
manucure (f)	маникюр	manikɯr
se faire les ongles	маникюр жасоо	manikdʒɯr dʒasoo
pédicurie (f)	педикюр	pedikɯr

trousse (f) de toilette	косметичка	kosmetitʃka
poudre (f)	упа	upa
poudrier (m)	упа кутусу	upa kutusu
fard (m) à joues	эндик	endik

parfum (m)	атыр	atır
eau (f) de toilette	туалет атыр суусу	tualet atır suusu
lotion (f)	лосьон	losʲon
eau de Cologne (f)	одеколон	odekolon

fard (m) à paupières	көз боёгу	køz bojogu
crayon (m) à paupières	көз карандашы	køz karandaʃı
mascara (m)	кирпик үчүн боек	kirpik ytʃyn boek
rouge (m) à lèvres	эрин помадасы	erin pomadası

vernis (m) à ongles	тырмак үчүн лак	tırmak ytʃyn lak
laque (f) pour les cheveux	чач үчүн лак	tʃatʃ ytʃyn lak
déodorant (m)	дезодорант	dezodorant
crème (f)	крем	krem
crème (f) pour le visage	бетмай	betmaj
crème (f) pour les mains	кол үчүн май	kol ytʃyn maj
crème (f) anti-rides	бырыштарга каршы бет май	bırıʃtarga karʃı bet maj
crème (f) de jour	күндүзгү бет май	kyndyzgy bet maj
crème (f) de nuit	түнкү бет май	tynky bet maj
de jour (adj)	күндүзгү	kyndyzgy
de nuit (adj)	түнкү	tynky
tampon (m)	тампон	tampon
papier (m) de toilette	даарат кагазы	daarat kagazı
sèche-cheveux (m)	фен	fen

40. Les montres. Les horloges

montre (f)	кол саат	kol saat
cadran (m)	циферблат	tsiferblat
aiguille (f)	жебе	dʒebe
bracelet (m)	браслет	braslet
bracelet (m) (en cuir)	кайыш кур	kajıʃ kur
pile (f)	батарейка	batarejka
être déchargé	зарядканын түгөнүүсү	zarʲadkanın tygønyysy
changer de pile	батарейка алмаштыруу	batarejka almaʃtıruu
avancer (vi)	алдыга кетүү	aldıga ketyy
retarder (vi)	калуу	kaluu
pendule (f)	дубалга тагуучу саат	dubalga taguutʃu saat
sablier (m)	кум саат	kum saat
cadran (m) solaire	күн саат	kyn saat
réveil (m)	ойготкуч саат	ojgotkutʃ saat
horloger (m)	саат устасы	saat ustası
réparer (vt)	оңдоо	oŋdoo

L'EXPÉRIENCE QUOTIDIENNE

41. L'argent

argent (m)	акча	aktʃa
échange (m)	алмаштыруу	almaʃtɪruu
cours (m) de change	курс	kurs
distributeur (m)	банкомат	bankomat
monnaie (f)	тыйын	tɪjɪn
dollar (m)	доллар	dollar
euro (m)	евро	evro
lire (f)	италиялык лира	italijalɪk lira
mark (m) allemand	немис маркасы	nemis markasɪ
franc (m)	франк	frank
livre sterling (f)	фунт стерлинг	funt sterling
yen (m)	йена	jena
dette (f)	карыз	karɪz
débiteur (m)	карыздар	karɪzdar
prêter (vt)	карызга берүү	karɪzga beryy
emprunter (vt)	карызга алуу	karɪzga aluu
banque (f)	банк	bank
compte (m)	эсеп	esep
verser (dans le compte)	салуу	saluu
verser dans le compte	эсепке акча салуу	esepke aktʃa saluu
retirer du compte	эсептен акча чыгаруу	esepten aktʃa tʃɪgaruu
carte (f) de crédit	насыя картасы	nasɪja kartasɪ
espèces (f pl)	накталай акча	naktalaj aktʃa
chèque (m)	чек	tʃek
faire un chèque	чек жазып берүү	tʃek dʒazɪp beryy
chéquier (m)	чек китепчеси	tʃek kiteptʃesi
portefeuille (m)	намыян	namɪjan
bourse (f)	капчык	kaptʃɪk
coffre fort (m)	сейф	sejf
héritier (m)	мураскер	murasker
héritage (m)	мурас	muras
fortune (f)	мүлк	mylk
location (f)	ижара	idʒara
loyer (m) (argent)	батир акысы	batir akɪsɪ
louer (prendre en location)	батирге алуу	batirge aluu
prix (m)	баа	baa
coût (m)	баа	baa

somme (f)	сумма	summa
dépenser (vt)	коротуу	korotuu
dépenses (f pl)	чыгым	ʧıgım
économiser (vt)	үнөмдөө	ynømdøø
économe (adj)	сарамжал	saramdʒal

payer (régler)	төлөө	tøløø
paiement (m)	акы төлөө	akı tøløø
monnaie (f) (rendre la ~)	кайтарылган майда акча	kajtarılgan majda akʧa

impôt (m)	салык	salık
amende (f)	айып	ajıp
mettre une amende	айып пул салуу	ajıp pul saluu

42. La poste. Les services postaux

poste (f)	почта	poʧta
courrier (m) (lettres, etc.)	почта	poʧta
facteur (m)	кат ташуучу	kat taʃuuʧu
heures (f pl) d'ouverture	иш сааттары	iʃ saattarı

lettre (f)	кат	kat
recommandé (m)	тапшырык кат	tapʃırık kat
carte (f) postale	открытка	otkrıtka
télégramme (m)	телеграмма	telegramma
colis (m)	посылка	posılka
mandat (m) postal	акча которуу	akʧa kotoruu

recevoir (vt)	алуу	aluu
envoyer (vt)	жөнөтүү	dʒønøtyy
envoi (m)	жөнөтүү	dʒønøtyy
adresse (f)	дарек	darek
code (m) postal	индекс	indeks
expéditeur (m)	жөнөтүүчү	dʒønøtyyʧy
destinataire (m)	алуучу	aluuʧu

prénom (m)	аты	atı
nom (m) de famille	фамилиясы	familijası
tarif (m)	тариф	tarif
normal (adj)	жөнөкөй	dʒønøkøj
économique (adj)	үнөмдүү	ynømdyy

poids (m)	салмак	salmak
peser (~ les lettres)	таразалоо	tarazaloo
enveloppe (f)	конверт	konvert
timbre (m)	марка	marka
timbrer (vt)	марка жабыштыруу	marka dʒabıʃtıruu

43. Les opérations bancaires

| banque (f) | банк | bank |
| agence (f) bancaire | бөлүм | bølym |

| conseiller (m) | кеңешчи | keŋeʃʧi |
| gérant (m) | башкаруучу | baʃkaruuʧu |

compte (m)	эсеп	esep
numéro (m) du compte	эсеп номери	esep nomeri
compte (m) courant	учурдагы эсеп	uʧurdagı esep
compte (m) sur livret	топтолмо эсеп	toptolmo esep

ouvrir un compte	эсеп ачуу	esep aʧuu
clôturer le compte	эсеп жабуу	esep dʒabuu
verser dans le compte	эсепке акча салуу	esepke akʧa saluu
retirer du compte	эсептен акча чыгаруу	esepten akʧa ʧıgaruu

dépôt (m)	аманат	amanat
faire un dépôt	аманат кылуу	amanat kıluu
virement (m) bancaire	акча которуу	akʧa kotoruu
faire un transfert	акча которуу	akʧa kotoruu

| somme (f) | сумма | summa |
| Combien? | Канча? | kanʧa? |

| signature (f) | кол тамга | kol tamga |
| signer (vt) | кол коюу | kol kojuu |

carte (f) de crédit	насыя картасы	nasıja kartası
code (m)	код	kod
numéro (m) de carte de crédit	насыя картанын номери	nasıja kartanın nomeri
distributeur (m)	банкомат	bankomat

chèque (m)	чек	ʧek
faire un chèque	чек жазып берүү	ʧek dʒazıp beryy
chéquier (m)	чек китепчеси	ʧek kiteptʃesi

crédit (m)	насыя	nasıja
demander un crédit	насыя үчүн кайрылуу	nasıja yʧyn kajrıluu
prendre un crédit	насыя алуу	nasıja aluu
accorder un crédit	насыя берүү	nasıja beryy
gage (m)	кепилдик	kepildik

44. Le téléphone. La conversation téléphonique

téléphone (m)	телефон	telefon
portable (m)	мобилдик	mobildik
répondeur (m)	автоматтык жооп берүүчу	avtomattık dʒoop beryytʃy

| téléphoner, appeler | чалуу | ʧaluu |
| appel (m) | чакыруу | ʧakıruu |

composer le numéro	номер терүү	nomer teryy
Allô!	Алло!	allo!
demander (~ l'heure)	суроо	suroo
répondre (vi, vt)	жооп берүү	dʒoop beryy
entendre (bruit, etc.)	угуу	uguu
bien (adv)	жакшы	dʒakʃı

mal (adv)	жаман	dʒaman
bruits (m pl)	ызы-чуу	ızı-tʃuu
récepteur (m)	трубка	trubka
décrocher (vt)	трубканы алуу	trubkanı aluu
raccrocher (vi)	трубканы коюу	trubkanı kojʉu
occupé (adj)	бош эмес	boʃ emes
sonner (vi)	шыңгыроо	ʃıŋgıroo
carnet (m) de téléphone	телефондук китепче	telefonduk kiteptʃe
local (adj)	жергиликтүү	dʒergiliktyy
appel (m) local	жергиликтүү чакыруу	dʒergiliktyy tʃakıruu
interurbain (adj)	шаар аралык	ʃaar aralık
appel (m) interurbain	шаар аралык чакыруу	ʃaar aralık tʃakıruu
international (adj)	эл аралык	el aralık
appel (m) international	эл аралык чакыруу	el aralık tʃakıruu

45. Le téléphone portable

portable (m)	мобилдик	mobildik
écran (m)	дисплей	displej
bouton (m)	баскыч	baskıtʃ
carte SIM (f)	SIM-карта	sim-karta
pile (f)	батарея	batareja
être déchargé	зарядканын түгөнүүсү	zarʲadkanın tygønyysy
chargeur (m)	заряддоочу шайман	zarʲaddootʃu ʃajman
menu (m)	меню	menʉ
réglages (m pl)	орнотуулар	ornotuular
mélodie (f)	обон	obon
sélectionner (vt)	тандоо	tandoo
calculatrice (f)	калькулятор	kalʲkulʲator
répondeur (m)	автоматтык жооп бергич	avtomattık dʒoop bergitʃ
réveil (m)	ойготкуч	ojgotkutʃ
contacts (m pl)	байланыштар	bajlanıʃtar
SMS (m)	SMS-кабар	esemes-kabar
abonné (m)	абонент	abonent

46. La papeterie

stylo (m) à bille	калем сап	kalem sap
stylo (m) à plume	калем уч	kalem utʃ
crayon (m)	карандаш	karandaʃ
marqueur (m)	маркер	marker
feutre (m)	фломастер	flomaster
bloc-notes (m)	дептерче	deptertʃe
agenda (m)	күндөлүк	kyndølyk

règle (f)	сызгыч	sızgıtʃ
calculatrice (f)	калькулятор	kalʲkulʲator
gomme (f)	өчүргүч	øtʃyrgytʃ
punaise (f)	кнопка	knopka
trombone (m)	кыскыч	kıskıtʃ
colle (f)	желим	dʒelim
agrafeuse (f)	степлер	stepler
perforateur (m)	тешкич	teʃkitʃ
taille-crayon (m)	учтагыч	utʃtagıtʃ

47. Les langues étrangères

langue (f)	тил	til
étranger (adj)	чет	tʃet
langue (f) étrangère	чет тил	tʃet til
étudier (vt)	окуу	okuu
apprendre (~ l'arabe)	үйрөнүү	yjrønyy
lire (vi, vt)	окуу	okuu
parler (vi, vt)	сүйлөө	syjløø
comprendre (vt)	түшүнүү	tyʃynyy
écrire (vt)	жазуу	dʒazuu
vite (adv)	тез	tez
lentement (adv)	жай	dʒaj
couramment (adv)	эркин	erkin
règles (f pl)	эрежелер	eredʒeler
grammaire (f)	грамматика	grammatika
vocabulaire (m)	лексика	leksika
phonétique (f)	фонетика	fonetika
manuel (m)	китеп	kitep
dictionnaire (m)	сөздүк	søzdyk
manuel (m) autodidacte	өзү үйрөткүч	øzy yjrøtkytʃ
guide (m) de conversation	тилачар	tilatʃar
cassette (f)	кассета	kasseta
cassette (f) vidéo	видеокассета	videokasseta
CD (m)	CD, компакт-диск	sidi, kompakt-disk
DVD (m)	DVD-диск	dividi-disk
alphabet (m)	алфавит	alfavit
épeler (vt)	эжелеп айтуу	edʒelep ajtuu
prononciation (f)	айтылышы	ajtılıʃı
accent (m)	акцент	aktsent
avec un accent	акцент менен	aktsent menen
sans accent	акцентсиз	aktsentsiz
mot (m)	сөз	søz
sens (m)	маани	maani
cours (m pl)	курстар	kurstar

| s'inscrire (vp) | курска жазылуу | kurska ʤazıluu |
| professeur (m) (~ d'anglais) | окутуучу | okutuutʃu |

traduction (f) (action)	которуу	kotoruu
traduction (f) (texte)	котормо	kotormo
traducteur (m)	котормочу	kotormotʃu
interprète (m)	оозеки котормочу	oozeki kotormotʃu

| polyglotte (m) | полиглот | poliglot |
| mémoire (f) | эс тутум | es tutum |

LES REPAS. LE RESTAURANT

48. Le dressage de la table

cuillère (f)	кашык	kaʃık
couteau (m)	бычак	bıtʃak
fourchette (f)	вилка	vilka
tasse (f)	чөйчөк	tʃøjtʃøk
assiette (f)	табак	tabak
soucoupe (f)	табак	tabak
serviette (f)	майлык	majlık
cure-dent (m)	тиш чукугуч	tiʃ tʃukugutʃ

49. Le restaurant

restaurant (m)	ресторан	restoran
salon (m) de café	кофекана	kofekana
bar (m)	бар	bar
salon (m) de thé	чай салону	tʃaj salonu
serveur (m)	официант	ofitsiant
serveuse (f)	официант кыз	ofitsiant kız
barman (m)	бармен	barmen
carte (f)	меню	menʉ
carte (f) des vins	шарап картасы	ʃarap kartası
réserver une table	столду камдык буйрутмалоо	stoldu kamdık bujrutmaloo
plat (m)	тамак	tamak
commander (vt)	буйрутма кылуу	bujrutma kıluu
faire la commande	буйрутма берүү	bujrutma beryy
apéritif (m)	аперитив	aperitiv
hors-d'œuvre (m)	ысылык	ısılık
dessert (m)	десерт	desert
addition (f)	эсеп	esep
régler l'addition	эсеп төлөө	esep tøløø
rendre la monnaie	майда акчаны кайтаруу	majda aktʃanı kajtaruu
pourboire (m)	чайпул	tʃajpul

50. Les repas

nourriture (f)	тамак	tamak
manger (vi, vt)	тамактануу	tamaktanuu

petit déjeuner (m)	таңкы тамак	taŋkı tamak
prendre le petit déjeuner	эртең менен тамактануу	erteŋ menen tamaktanuu
déjeuner (m)	түшкү тамак	tyʃky tamak
déjeuner (vi)	түштөнүү	tyʃtønyy
dîner (m)	кечки тамак	ketʃki tamak
dîner (vi)	кечки тамакты ичүү	ketʃki tamaktı itʃyy

appétit (m)	табит	tabit
Bon appétit!	Тамагыңыз таттуу болсун!	tamagıŋız tattuu bolsun!

ouvrir (vt)	ачуу	atʃuu
renverser (liquide)	төгүп алуу	tøgyp aluu
se renverser (liquide)	төгүлүү	tøgylyy

bouillir (vi)	кайноо	kajnoo
faire bouillir	кайнатуу	kajnatuu
bouilli (l'eau ~e)	кайнатылган	kajnatılgan
refroidir (vt)	суутуу	suutuu
se refroidir (vp)	сууп туруу	suup turuu

goût (m)	даам	daam
arrière-goût (m)	даамдануу	daamdanuu

suivre un régime	арыктоо	arıktoo
régime (m)	мүнөз тамак	mynøz tamak
vitamine (f)	витамин	vitamin
calorie (f)	калория	kalorija
végétarien (m)	эттен чанган	etten tʃangan
végétarien (adj)	этсиз даярдалган	etsiz dajardalgan

lipides (m pl)	майлар	majlar
protéines (f pl)	белоктор	beloktor
glucides (m pl)	көмүрсуулар	kømyrsuular

tranche (f)	кесим	kesim
morceau (m)	бөлүк	bølyk
miette (f)	күкүм	kykym

51. Les plats cuisinés

plat (m)	тамак	tamak
cuisine (f)	даам	daam
recette (f)	тамак жасоо ыкмасы	tamak dʒasoo ıkmasɪ
portion (f)	порция	portsija

salade (f)	салат	salat
soupe (f)	сорпо	sorpo

bouillon (m)	ынак сорпо	ınak sorpo
sandwich (m)	бутерброд	buterbrod
les œufs brouillés	куурулган жумуртка	kuurulgan dʒumurtka
hamburger (m)	гамбургер	gamburger
steak (m)	бифштекс	bifʃteks

garniture (f)	гарнир	garnir
spaghettis (m pl)	спагетти	spagetti
purée (f)	эзилген картошка	ezilgen kartoʃka
pizza (f)	пицца	pitsa
bouillie (f)	ботко	botko
omelette (f)	омлет	omlet
cuit à l'eau (adj)	сууга бышырылган	suuga bıʃırılgan
fumé (adj)	ышталган	ıʃtalgan
frit (adj)	куурулган	kuurulgan
sec (adj)	кургатылган	kurgatılgan
congelé (adj)	тоңдурулган	toŋdurulgan
mariné (adj)	маринаддагы	marinaddagı
sucré (adj)	таттуу	tattuu
salé (adj)	туздуу	tuzduu
froid (adj)	муздак	muzdak
chaud (adj)	ысык	ısık
amer (adj)	ачуу	atʃuu
bon (savoureux)	даамдуу	daamduu
cuire à l'eau	кайнатуу	kajnatuu
préparer (le dîner)	тамак бышыруу	tamak bıʃıruu
faire frire	кууруу	kuuruu
réchauffer (vt)	жылытуу	dʒılıtuu
saler (vt)	туздоо	tuzdoo
poivrer (vt)	калемпир кошуу	kalempir koʃuu
râper (vt)	сүргүлөө	syrgyløø
peau (f)	сырты	sırtı
éplucher (vt)	тазалоо	tazaloo

52. Les aliments

viande (f)	эт	et
poulet (m)	тоок	took
poulet (m) (poussin)	балапан	balapan
canard (m)	өрдөк	ørdøk
oie (f)	каз	kaz
gibier (m)	илбээсин	ilbeesin
dinde (f)	күрп	kyrp
du porc	чочко эти	tʃotʃko eti
du veau	торпок эти	torpok eti
du mouton	кой эти	koj eti
du bœuf	уй эти	uj eti
lapin (m)	коен	koen
saucisson (m)	колбаса	kolbasa
saucisse (f)	сосиска	sosiska
bacon (m)	бекон	bekon
jambon (m)	ветчина	vettʃina
cuisse (f)	сан эт	san et
pâté (m)	паштет	paʃtet

foie (m)	боор	boor
farce (f)	фарш	farʃ
langue (f)	тил	til
œuf (m)	жумуртка	dʒumurtka
les œufs	жумурткалар	dʒumurtkalar
blanc (m) d'œuf	жумурканын агы	dʒumurtkanın agı
jaune (m) d'œuf	жумурканын сарысы	dʒumurtkanın sarısı
poisson (m)	балык	balık
fruits (m pl) de mer	деңиз азыктары	deŋiz azıktarı
crustacés (m pl)	рак сыяктуулар	rak sıjaktuular
caviar (m)	урук	uruk
crabe (m)	краб	krab
crevette (f)	креветка	krevetka
huître (f)	устрица	ustritsa
langoustine (f)	лангуст	langust
poulpe (m)	сегиз бут	segiz but
calamar (m)	кальмар	kalʲmar
esturgeon (m)	осетрина	osetrina
saumon (m)	лосось	lososʲ
flétan (m)	палтус	paltus
morue (f)	треска	treska
maquereau (m)	скумбрия	skumbrija
thon (m)	тунец	tunets
anguille (f)	угорь	ugorʲ
truite (f)	форель	forelʲ
sardine (f)	сардина	sardina
brochet (m)	чортон	tʃorton
hareng (m)	сельдь	selʲdʲ
pain (m)	нан	nan
fromage (m)	сыр	sır
sucre (m)	кум шекер	kum-ʃeker
sel (m)	туз	tuz
riz (m)	күрүч	kyrytʃ
pâtes (m pl)	макарон	makaron
nouilles (f pl)	кесме	kesme
beurre (m)	ак май	ak maj
huile (f) végétale	өсүмдүк майы	øsymdyk majı
huile (f) de tournesol	күн карама майы	kyn karama majı
margarine (f)	маргарин	margarin
olives (f pl)	зайтун	zajtun
huile (f) d'olive	зайтун майы	zajtun majı
lait (m)	сүт	syt
lait (m) condensé	коютулган сүт	kojɵtulgan syt
yogourt (m)	йогурт	jogurt
crème (f) aigre	сметана	smetana

crème (f) (de lait)	каймак	kajmak
sauce (f) mayonnaise	майонез	majonez
crème (f) au beurre	крем	krem
gruau (m)	акшак	akʃak
farine (f)	ун	un
conserves (f pl)	консерва	konserva
pétales (m pl) de maïs	жарылган жүгөрү	dʒarılgan dʒygøry
miel (m)	бал	bal
confiture (f)	джем, конфитюр	dʒem, konfitʉr
gomme (f) à mâcher	сагыз	sagız

53. Les boissons

eau (f)	суу	suu
eau (f) potable	ичүүчү суу	itʃyytʃy suu
eau (f) minérale	минерал суусу	mineral suusu
plate (adj)	газсыз	gazsız
gazeuse (l'eau ~)	газдалган	gazdalgan
pétillante (adj)	газы менен	gazı menen
glace (f)	муз	muz
avec de la glace	музу менен	muzu menen
sans alcool	алкоголсуз	alkogolsuz
boisson (f) non alcoolisée	алкоголсуз ичимдик	alkogolsuz itʃimdik
rafraîchissement (m)	суусундук	suusunduk
limonade (f)	лимонад	limonad
boissons (f pl) alcoolisées	спирт ичимдиктери	spirt itʃimdikteri
vin (m)	шарап	ʃarap
vin (m) blanc	ак шарап	ak ʃarap
vin (m) rouge	кызыл шарап	kızıl ʃarap
liqueur (f)	ликёр	likʲor
champagne (m)	шампан	ʃampan
vermouth (m)	вермут	vermut
whisky (m)	виски	viski
vodka (f)	арак	arak
gin (m)	джин	dʒin
cognac (m)	коньяк	konjak
rhum (m)	ром	rom
café (m)	кофе	kofe
café (m) noir	кара кофе	kara kofe
café (m) au lait	сүттөлгөн кофе	syttølgøn kofe
cappuccino (m)	капучино	kaputʃino
café (m) soluble	эрүүчү кофе	eryytʃy kofe
lait (m)	сүт	syt
cocktail (m)	коктейль	koktejlʲ
cocktail (m) au lait	сүт коктейли	syt koktejli

jus (m)	шире	ʃire
jus (m) de tomate	томат ширеси	tomat ʃiresi
jus (m) d'orange	апельсин ширеси	apelʲsin ʃiresi
jus (m) pressé	түз сыгылып алынган шире	tyz sıgılıp alıngan ʃire

bière (f)	сыра	sıra
bière (f) blonde	ачык сыра	atʃık sıra
bière (f) brune	коңур сыра	koŋur sıra

thé (m)	чай	ʧaj
thé (m) noir	кара чай	kara ʧaj
thé (m) vert	жашыл чай	dʒaʃıl ʧaj

54. Les légumes

| légumes (m pl) | жашылча | dʒaʃılʧa |
| verdure (f) | көк чөп | køk ʧøp |

tomate (f)	помидор	pomidor
concombre (m)	бадыраң	badıraŋ
carotte (f)	сабиз	sabiz
pomme (f) de terre	картошка	kartoʃka
oignon (m)	пияз	pijaz
ail (m)	сарымсак	sarımsak

chou (m)	капуста	kapusta
chou-fleur (m)	гүлдүү капуста	gyldyy kapusta
chou (m) de Bruxelles	брюссель капустасы	brusselʲ kapustası
brocoli (m)	брокколи капустасы	brokkoli kapustası

betterave (f)	кызылча	kızılʧa
aubergine (f)	баклажан	bakladʒan
courgette (f)	кабачок	kabatʃok
potiron (m)	ашкабак	aʃkabak
navet (m)	шалгам	ʃalgam

persil (m)	петрушка	petruʃka
fenouil (m)	укроп	ukrop
laitue (f) (salade)	салат	salat
céleri (m)	сельдерей	selʲderej

| asperge (f) | спаржа | spardʒa |
| épinard (m) | шпинат | ʃpinat |

| pois (m) | нокот | nokot |
| fèves (f pl) | буурчак | buurʧak |

| maïs (m) | жүгөрү | dʒygøry |
| haricot (m) | төө буурчак | tøø buurʧak |

poivron (m)	таттуу перец	tattuu perets
radis (m)	шалгам	ʃalgam
artichaut (m)	артишок	artiʃok

15

55. Les fruits. Les noix

fruit (m)	мөмө	mømø
pomme (f)	алма	alma
poire (f)	алмурут	almurut
citron (m)	лимон	limon
orange (f)	апельсин	apelʲsin
fraise (f)	кулпунай	kulpunaj
mandarine (f)	мандарин	mandarin
prune (f)	кара өрүк	kara øryk
pêche (f)	шабдаалы	ʃabdaalɪ
abricot (m)	өрүк	øryk
framboise (f)	дан куурай	dan kuuraj
ananas (m)	ананас	ananas
banane (f)	банан	banan
pastèque (f)	арбуз	arbuz
raisin (m)	жүзүм	dʒyzym
cerise (f)	алча	altʃa
merise (f)	гилас	gilas
melon (m)	коон	koon
pamplemousse (m)	грейпфрут	grejpfrut
avocat (m)	авокадо	avokado
papaye (f)	папайя	papaja
mangue (f)	манго	mango
grenade (f)	анар	anar
groseille (f) rouge	кызыл карагат	kɪzɪl karagat
cassis (m)	кара карагат	kara karagat
groseille (f) verte	крыжовник	krɪdʒovnik
myrtille (f)	кара моюл	kara mojʉl
mûre (f)	кара бүлдүркөн	kara byldyrkøn
raisin (m) sec	мейиз	mejiz
figue (f)	анжир	andʒir
datte (f)	курма	kurma
cacahuète (f)	арахис	araχis
amande (f)	бадам	badam
noix (f)	жаңгак	dʒaŋgak
noisette (f)	токой жаңгагы	tokoj dʒaŋgagɪ
noix (f) de coco	кокос жаңгагы	kokos dʒaŋgagɪ
pistaches (f pl)	мисте	miste

56. Le pain. Les confiseries

confiserie (f)	кондитер азыктары	konditer azɪktarɪ
pain (m)	нан	nan
biscuit (m)	печенье	petʃenje
chocolat (m)	шоколад	ʃokolad
en chocolat (adj)	шоколаддан	ʃokoladdan

bonbon (m)	конфета	konfeta
gâteau (m), pâtisserie (f)	пирожное	pirodʒnoe
tarte (f)	торт	tort

| gâteau (m) | пирог | pirog |
| garniture (f) | начинка | natʃinka |

confiture (f)	кыям	kıjam
marmelade (f)	мармелад	marmelad
gaufre (f)	вафли	vafli
glace (f)	бал муздак	bal muzdak
pudding (m)	пудинг	puding

57. Les épices

sel (m)	туз	tuz
salé (adj)	туздуу	tuzduu
saler (vt)	туздоо	tuzdoo

poivre (m) noir	кара мурч	kara murtʃ
poivre (m) rouge	кызыл калемпир	kızıl kalempir
moutarde (f)	горчица	gortʃitsa
raifort (m)	хрен	χren

condiment (m)	татымал	tatımal
épice (f)	татымал	tatımal
sauce (f)	соус	sous
vinaigre (m)	уксус	uksus

anis (m)	анис	anis
basilic (m)	райхон	rajχon
clou (m) de girofle	гвоздика	gvozdika
gingembre (m)	имбирь	imbirʲ
coriandre (m)	кориандр	koriandr
cannelle (f)	корица	koritsa

sésame (m)	кунжут	kundʒut
feuille (f) de laurier	лавр жалбырагы	lavr dʒalbıragı
paprika (m)	паприка	paprika
cumin (m)	зира	zira
safran (m)	заапаран	zaaparan

LES DONNÉES PERSONNELLES. LA FAMILLE

58. Les données personnelles. Les formulaires

prénom (m)	аты	atı
nom (m) de famille	фамилиясы	familijası
date (f) de naissance	төрөлгөн күнү	tørølgøn kyny
lieu (m) de naissance	туулган жери	tuulgan dʒeri
nationalité (f)	улуту	ulutu
domicile (m)	жашаган жери	dʒaʃagan dʒeri
pays (m)	өлкө	ølkø
profession (f)	кесиби	kesibi
sexe (m)	жынысы	dʒınısı
taille (f)	бою	bojʉ
poids (m)	салмак	salmak

59. La famille. Les liens de parenté

mère (f)	эне	ene
père (m)	ата	ata
fils (m)	уул	uul
fille (f)	кыз	kız
fille (f) cadette	кичүү кыз	kitʃyy kız
fils (m) cadet	кичүү уул	kitʃyy uul
fille (f) aînée	улуу кыз	uluu kız
fils (m) aîné	улуу уул	uluu uul
frère (m)	бир тууган	bir tuugan
frère (m) aîné	байке	bajke
frère (m) cadet	ини	ini
sœur (f)	бир тууган	bir tuugan
sœur (f) aînée	эже	edʒe
sœur (f) cadette	синди	siŋdi
cousin (m)	атасы же энеси	atası dʒe enesi
	бир тууган	bir tuugan
cousine (f)	атасы же энеси	atası dʒe enesi
	бир тууган	bir tuugan
maman (f)	апа	apa
papa (m)	ата	ata
parents (m pl)	ата-эне	ata-ene
enfant (m, f)	бала	bala
enfants (pl)	балдар	baldar
grand-mère (f)	чоң апа	tʃoŋ apa

grand-père (m)	чоң ата	tʃoŋ ata
petit-fils (m)	небере бала	nebere bala
petite-fille (f)	небере кыз	nebere kız
petits-enfants (pl)	неберелер	nebereler

oncle (m)	таяке	tajake
tante (f)	таяже	tajadʒe
neveu (m)	ини	ini
nièce (f)	жээн	dʒeen

belle-mère (f)	кайын эне	kajın ene
beau-père (m)	кайын ата	kajın ata
gendre (m)	күйөө бала	kyjøø bala
belle-mère (f)	өгөй эне	øgøj ene
beau-père (m)	өгөй ата	øgøj ata

nourrisson (m)	эмчектеги бала	emtʃektegi bala
bébé (m)	ымыркай	ımırkaj
petit (m)	бөбөк	bøbøk

femme (f)	аял	ajal
mari (m)	эр	er
époux (m)	күйөө	kyjøø
épouse (f)	зайып	zajıp

marié (adj)	аялы бар	ajalı bar
mariée (adj)	күйөөдө	kyjøødø
célibataire (adj)	бойдок	bojdok
célibataire (m)	бойдок	bojdok
divorcé (adj)	ажырашкан	adʒıraʃkan
veuve (f)	жесир	dʒesir
veuf (m)	жесир	dʒesir

parent (m)	тууган	tuugan
parent (m) proche	жакын тууган	dʒakın tuugan
parent (m) éloigné	алыс тууган	alıs tuugan
parents (m pl)	бир тууган	bir tuugan

orphelin (m), orpheline (f)	жетим	dʒetim
tuteur (m)	камкорчу	kamkortʃu
adopter (un garçon)	уул кылып асырап алуу	uul kılıp asırap aluu
adopter (une fille)	кыз кылып асырап алуу	kız kılıp asırap aluu

60. Les amis. Les collègues

ami (m)	дос	dos
amie (f)	курбу	kurbu
amitié (f)	достук	dostuk
être ami	достошуу	dostoʃuu

copain (m)	шерик	ʃerik
copine (f)	шерик кыз	ʃerik kız
partenaire (m)	өнөктөш	ønøktøʃ
chef (m)	башчы	baʃtʃı

supérieur (m)	башчы	baʃʧı
propriétaire (m)	кожоюн	koʤoʤʉn
subordonné (m)	кол астындагы	kol astındagı
collègue (m, f)	кесиптеш	kesipteʃ
connaissance (f)	тааныш	taanıʃ
compagnon (m) de route	жолдош	ʤoldoʃ
copain (m) de classe	классташ	klasstaʃ
voisin (m)	кошуна	koʃuna
voisine (f)	кошуна	koʃuna
voisins (m pl)	кошуналар	koʃunalar

LE CORPS HUMAIN. LES MÉDICAMENTS

61. La tête

tête (f)	баш	baʃ
visage (m)	бет	bet
nez (m)	мурун	murun
bouche (f)	ооз	ooz
œil (m)	көз	køz
les yeux	көздөр	køzdør
pupille (f)	карек	karek
sourcil (m)	каш	kaʃ
cil (m)	кирпик	kirpik
paupière (f)	кабак	kabak
langue (f)	тил	til
dent (f)	тиш	tiʃ
lèvres (f pl)	эриндер	erinder
pommettes (f pl)	бет сөөгү	bet søøgy
gencive (f)	тиш эти	tiʃ eti
palais (m)	таңдай	taŋdaj
narines (f pl)	мурун тешиги	murun teʃigi
menton (m)	ээк	eek
mâchoire (f)	жаак	dʒaak
joue (f)	бет	bet
front (m)	чеке	tʃeke
tempe (f)	чыкый	tʃɪkıj
oreille (f)	кулак	kulak
nuque (f)	желке	dʒelke
cou (m)	моюн	mojʉn
gorge (f)	тамак	tamak
cheveux (m pl)	чач	tʃatʃ
coiffure (f)	чач жасоо	tʃatʃ dʒasoo
coupe (f)	чач кыркуу	tʃatʃ kırkuu
perruque (f)	парик	parik
moustache (f)	мурут	murut
barbe (f)	сакал	sakal
porter (~ la barbe)	мурут коюу	murut kojʉu
tresse (f)	өрүм чач	ørym tʃatʃ
favoris (m pl)	бакенбарда	bakenbarda
roux (adj)	сары	sarı
gris, grisonnant (adj)	ак чачтуу	ak tʃatʃtuu
chauve (adj)	таз	taz
calvitie (f)	кашка	kaʃka

queue (f) de cheval	куйрук	kujruk
frange (f)	көкүл	køkyl

62. Le corps humain

main (f)	беш манжа	beʃ mandʒa
bras (m)	кол	kol
doigt (m)	манжа	mandʒa
orteil (m)	манжа	mandʒa
pouce (m)	бармак	barmak
petit doigt (m)	чыпалак	tʃɪpalak
ongle (m)	тырмак	tɪrmak
poing (m)	муштум	muʃtum
paume (f)	алакан	alakan
poignet (m)	билек	bilek
avant-bras (m)	каруу	karuu
coude (m)	чыканак	tʃɪkanak
épaule (f)	ийин	ijin
jambe (f)	бут	but
pied (m)	таман	taman
genou (m)	тизе	tize
mollet (m)	балтыр	baltɪr
hanche (f)	сан	san
talon (m)	согончок	sogontʃok
corps (m)	дене	dene
ventre (m)	курсак	kursak
poitrine (f)	төш	tøʃ
sein (m)	эмчек	emtʃek
côté (m)	каптал	kaptal
dos (m)	арка жон	arka dʒon
reins (région lombaire)	бел	bel
taille (f) (~ de guêpe)	бел	bel
nombril (m)	киндик	kindik
fesses (f pl)	жамбаш	dʒambaʃ
derrière (m)	көчүк	køtʃyk
grain (m) de beauté	мең	meŋ
tache (f) de vin	кал	kal
tatouage (m)	татуировка	tatuirovka
cicatrice (f)	тырык	tɪrɪk

63. Les maladies

maladie (f)	оору	ooru
être malade	ооруу	ooruu
santé (f)	ден-соолук	den-sooluk
rhume (m) (coryza)	мурдунан суу агуу	murdunan suu aguu

angine (f)	ангина	angina
refroidissement (m)	суук тийүү	suuk tijyy
prendre froid	суук тийгизип алуу	suuk tijgizip aluu

bronchite (f)	бронхит	bronχit
pneumonie (f)	кабыргадан сезгенүү	kabırgadan sezgenyy
grippe (f)	сасык тумоо	sasık tumoo

myope (adj)	алыстан көрө албоо	alıstan kørø alboo
presbyte (adj)	жакындан көрө албоо	dʒakından kørø alboo
strabisme (m)	кылый көздүүлүк	kılıj køzdyylyk
strabique (adj)	кылый көздүүлүк	kılıj køzdyylyk
cataracte (f)	челкөз	tʃelkøz
glaucome (m)	глаукома	glaukoma

insulte (f)	мээге кан куюлуу	meege kan kujuluu
crise (f) cardiaque	инфаркт	infarkt
infarctus (m) de myocarde	инфаркт миокарда	infarkt miokarda
paralysie (f)	шал	ʃal
paralyser (vt)	шал болуу	ʃal boluu

allergie (f)	аллергия	allergija
asthme (m)	астма	astma
diabète (m)	диабет	diabet

mal (m) de dents	тиш оорусу	tiʃ oorusu
carie (f)	кариес	karies

diarrhée (f)	ич өткү	itʃ øtky
constipation (f)	ич катуу	itʃ katuu
estomac (m) barbouillé	ич бузулгандык	itʃ buzulgandık
intoxication (f) alimentaire	уулануу	uulanuu
être intoxiqué	уулануу	uulanuu

arthrite (f)	артрит	artrit
rachitisme (m)	итий	itij
rhumatisme (m)	кызыл жүгүрүк	kızıl dʒygyryk
athérosclérose (f)	атеросклероз	ateroskleroz

gastrite (f)	карын сезгенүүсу	karın sezgenyysu
appendicite (f)	аппендицит	appenditsit
cholécystite (f)	холецистит	χoletsistit
ulcère (m)	жара	dʒara

rougeole (f)	кызылча	kızıltʃa
rubéole (f)	кызамык	kızamık
jaunisse (f)	сарык	sarık
hépatite (f)	гепатит	gepatit

schizophrénie (f)	шизофрения	ʃizofrenija
rage (f) (hydrophobie)	кутурма	kuturma
névrose (f)	невроз	nevroz
commotion (f) cérébrale	мээнин чайкалышы	meenin tʃajkalıʃı

cancer (m)	рак	rak
sclérose (f)	склероз	skleroz

sclérose (f) en plaques	жайылган склероз	dʒajılgan skleroz
alcoolisme (m)	аракечтик	araketʃtik
alcoolique (m)	аракеч	araketʃ
syphilis (f)	котон жара	koton dʒara
SIDA (m)	СПИД	spid

tumeur (f)	шишик	ʃiʃik
maligne (adj)	залалдуу	zalalduu
bénigne (adj)	залалсыз	zalalsız

fièvre (f)	безгек	bezgek
malaria (f)	безгек	bezgek
gangrène (f)	кабыз	kabız
mal (m) de mer	деңиз оорусу	deŋiz oorusu
épilepsie (f)	талма	talma

épidémie (f)	эпидемия	epidemija
typhus (m)	келте	kelte
tuberculose (f)	кургак учук	kurgak utʃuk
choléra (m)	холера	χolera
peste (f)	кара тумоо	kara tumoo

64. Les symptômes. Le traitement. Partie 1

symptôme (m)	белги	belgi
température (f)	дене табынын көтөрүлүшү	dene tabının køtørylyʃy
fièvre (f)	жогорку температура	dʒogorku temperatura
pouls (m)	тамыр кагышы	tamır kagıʃı

vertige (m)	баш айлануу	baʃ ajlanuu
chaud (adj)	ысык	ısık
frisson (m)	чыйрыгуу	tʃijrıguu
pâle (adj)	купкуу	kupkuu

toux (f)	жөтөл	dʒøtøl
tousser (vi)	жөтөлүү	dʒøtølyy
éternuer (vi)	чүчкүрүү	tʃytʃkyryy
évanouissement (m)	эси оо	esi oo
s'évanouir (vp)	эси ооп жыгылуу	esi oop dʒıgıluu

bleu (m)	көк-ала	køk-ala
bosse (f)	шишик	ʃiʃik
se heurter (vp)	урунуп алуу	urunup aluu
meurtrissure (f)	көгөртүп алуу	køgørtyp aluu
se faire mal	көгөртүп алуу	køgørtyp aluu

boiter (vi)	аксоо	aksoo
foulure (f)	муундун чыгып кетүүсү	muundun tʃıgıp ketyysy
se démettre (l'épaule, etc.)	чыгарып алуу	tʃıgarıp aluu
fracture (f)	сынуу	sınuu
avoir une fracture	сындырып алуу	sındırıp aluu
coupure (f)	кесилген жер	kesilgen dʒer
se couper (~ le doigt)	кесип алуу	kesip aluu

hémorragie (f)	кан кетүү	kan ketyy
brûlure (f)	күйүк	kyjyk
se brûler (vp)	күйгүзүп алуу	kyjgyzyp aluu
se piquer (le doigt)	саюу	sajɯu
se piquer (vp)	сайып алуу	sajɯp aluu
blesser (vt)	кокустатып алуу	kokustatıp aluu
blessure (f)	кокустатып алуу	kokustatıp aluu
plaie (f) (blessure)	жара	dʒara
trauma (m)	жаракат	dʒarakat
délirer (vi)	жөлүү	dʒølyy
bégayer (vi)	кекечтенүү	keketʃtenyy
insolation (f)	күн өтүү	kyn øtyy

65. Les symptômes. Le traitement. Partie 2

douleur (f)	оору	ooru
écharde (f)	тикен	tiken
sueur (f)	тер	ter
suer (vi)	тердөө	terdøø
vomissement (m)	кусуу	kusuu
spasmes (m pl)	тарамыш карышуусу	taramıʃ karıʃuusu
enceinte (adj)	кош бойлуу	koʃ bojluu
naître (vi)	төрөлүү	tørølyy
accouchement (m)	төрөт	tørøt
accoucher (vi)	төрөө	tørøø
avortement (m)	бойдон түшүрүү	bojdon tyʃyryy
respiration (f)	дем алуу	dem aluu
inhalation (f)	дем алуу	dem aluu
expiration (f)	дем чыгаруу	dem tʃıgaruu
expirer (vi)	дем чыгаруу	dem tʃıgaruu
inspirer (vi)	дем алуу	dem aluu
invalide (m)	майып	majıp
handicapé (m)	мунжу	mundʒu
drogué (m)	баңги	baŋgi
sourd (adj)	дүлөй	dyløj
muet (adj)	дудук	duduk
sourd-muet (adj)	дудук	duduk
fou (adj)	жин тийген	dʒin tijgen
fou (m)	жинди чалыш	dʒindi tʃalıʃ
folle (f)	жинди чалыш	dʒindi tʃalıʃ
devenir fou	мээси айныган	meesi ajnıgan
gène (m)	ген	gen
immunité (f)	иммунитет	immunitet
héréditaire (adj)	тукум куучулук	tukum kuutʃuluk
congénital (adj)	тубаса	tubasa

virus (m)	вирус	virus
microbe (m)	микроб	mikrob
bactérie (f)	бактерия	bakterija
infection (f)	жугуштуу илдет	dʒuguʃtuu ildet

66. Les symptômes. Le traitement. Partie 3

hôpital (m)	оорукана	oorukana
patient (m)	бейтап	bejtap
diagnostic (m)	дарт аныктоо	dart anıktoo
cure (f) (faire une ~)	дарылоо	darıloo
traitement (m)	дарылоо	darıloo
se faire soigner	дарылануу	darılanuu
traiter (un patient)	дарылоо	darıloo
soigner (un malade)	кароо	karoo
soins (m pl)	кароо	karoo
opération (f)	операция	operatsija
panser (vt)	жараны таңуу	dʒaranı taŋuu
pansement (m)	таңуу	taŋuu
vaccination (f)	эмдөө	emdøø
vacciner (vt)	эмдөө	emdøø
piqûre (f)	ийне салуу	ijne saluu
faire une piqûre	ийне сайдыруу	ijne sajdıruu
crise, attaque (f)	оору кармап калуу	ooru karmap kaluu
amputation (f)	кесүү	kesyy
amputer (vt)	кесип таштоо	kesip taʃtoo
coma (m)	кома	koma
être dans le coma	комада болуу	komada boluu
réanimation (f)	реанимация	reanimatsija
se rétablir (vp)	сакаюу	sakajɵu
état (m) (de santé)	абал	abal
conscience (f)	эсинде	esinde
mémoire (f)	эс тутум	es tutum
arracher (une dent)	тишти жулуу	tiʃti dʒuluu
plombage (m)	пломба	plomba
plomber (vt)	пломба салуу	plomba saluu
hypnose (f)	гипноз	gipnoz
hypnotiser (vt)	гипноз кылуу	gipnoz kıluu

67. Les médicaments. Les accessoires

médicament (m)	дары-дармек	darı-darmek
remède (m)	дары	darı
prescrire (vt)	жазып берүү	dʒazıp beryy
ordonnance (f)	рецепт	retsept

comprimé (m)	таблетка	tabletka
onguent (m)	май	maj
ampoule (f)	ампула	ampula
mixture (f)	аралашма	aralaʃma
sirop (m)	сироп	sirop
pilule (f)	пилюля	piluļa
poudre (f)	күкүм	kykym

bande (f)	бинт	bint
coton (m) (ouate)	пахта	paxta
iode (m)	йод	jod

sparadrap (m)	лейкопластырь	lejkoplastırʲ
compte-gouttes (m)	дары тамызгыч	darı tamızgıʧ
thermomètre (m)	градусник	gradusnik
seringue (f)	шприц	ʃprits

| fauteuil (m) roulant | майып арабасы | majıp arabası |
| béquilles (f pl) | колтук таяк | koltuk tajak |

anesthésique (m)	оору сездирбөөчү дары	ooru sezdirbøøʧy darı
purgatif (m)	ич алдыруучу дары	iʧ aldıruuʧu darı
alcool (m)	спирт	spirt
herbe (f) médicinale	дары чөптөр	darı ʧøptør
d'herbes (adj)	чөп чайы	ʧøp ʧajı

L'APPARTEMENT

68. L'appartement

appartement (m)	батир	batir
chambre (f)	бөлмө	bølmø
chambre (f) à coucher	уктоочу бөлмө	uktootʃu bølmø
salle (f) à manger	ашкана	aʃkana
salon (m)	конок үйү	konok yjy
bureau (m)	иш бөлмөсу	iʃ bølmøsy
antichambre (f)	кире бериш	kire beriʃ
salle (f) de bains	ванная	vannaja
toilettes (f pl)	даараткана	daaratkana
plafond (m)	шып	ʃıp
plancher (m)	пол	pol
coin (m)	бурч	burtʃ

69. Les meubles. L'intérieur

meubles (m pl)	эмерек	emerek
table (f)	стол	stol
chaise (f)	стул	stul
lit (m)	керебет	kerebet
canapé (m)	диван	divan
fauteuil (m)	олпок отургуч	olpok oturgutʃ
bibliothèque (f) (meuble)	китеп шкафы	kitep ʃkafı
rayon (m)	текче	tektʃe
armoire (f)	шкаф	ʃkaf
patère (f)	кийим илгич	kijim ilgitʃ
portemanteau (m)	кийим илгич	kijim ilgitʃ
commode (f)	комод	komod
table (f) basse	журнал столу	dʒurnal stolu
miroir (m)	күзгү	kyzgy
tapis (m)	килем	kilem
petit tapis (m)	килемче	kilemtʃe
cheminée (f)	очок	otʃok
bougie (f)	шам	ʃam
chandelier (m)	шамдал	ʃamdal
rideaux (m pl)	парда	parda
papier (m) peint	туш кагаз	tuʃ kagaz

jalousie (f)	жалюзи	dʒaldʒuzi
lampe (f) de table	стол чырагы	stol tʃɯragɯ
applique (f)	чырак	tʃɯrak
lampadaire (m)	торшер	torʃer
lustre (m)	асма шам	asma ʃam

pied (m) (~ de la table)	бут	but
accoudoir (m)	чыканак такооч	tʃɯkanak takootʃ
dossier (m)	жөлөнгүч	dʒøløngytʃ
tiroir (m)	суурма	suurma

70. La literie

linge (m) de lit	шейшеп	ʃejʃep
oreiller (m)	жаздык	dʒazdɯk
taie (f) d'oreiller	жаздык кап	dʒazdɯk kap
couverture (f)	жууркан	dʒuurkan
drap (m)	шейшеп	ʃejʃep
couvre-lit (m)	жапкыч	dʒapkɯtʃ

71. La cuisine

cuisine (f)	ашкана	aʃkana
gaz (m)	газ	gaz
cuisinière (f) à gaz	газ плитасы	gaz plitasɯ
cuisinière (f) électrique	электр плитасы	elektr plitasɯ
four (m)	духовка	duxovka
four (m) micro-ondes	микротолкун меши	mikrotolkun meʃi

réfrigérateur (m)	муздаткыч	muzdatkɯtʃ
congélateur (m)	тоңдургуч	toŋdurgutʃ
lave-vaisselle (m)	идиш жуучу машина	idiʃ dʒuutʃu maʃina

hachoir (m) à viande	эт туурагыч	et tuuragɯtʃ
centrifugeuse (f)	шире сыккыч	ʃire sɯkkɯtʃ
grille-pain (m)	тостер	toster
batteur (m)	миксер	mikser

machine (f) à café	кофе кайнаткыч	kofe kajnatkɯtʃ
cafetière (f)	кофе кайнатуучу идиш	kofe kajnatuutʃu idiʃ
moulin (m) à café	кофе майдалагыч	kofe majdalagɯtʃ

bouilloire (f)	чайнек	tʃajnek
théière (f)	чайнек	tʃajnek
couvercle (m)	капкак	kapkak
passoire (f) à thé	чыпка	tʃɯpka

cuillère (f)	кашык	kaʃɯk
petite cuillère (f)	чай кашык	tʃaj kaʃɯk
cuillère (f) à soupe	аш кашык	aʃ kaʃɯk
fourchette (f)	вилка	vilka
couteau (m)	бычак	bɯtʃak

vaisselle (f)	идиш-аяк	idiʃ-ajak
assiette (f)	табак	tabak
soucoupe (f)	табак	tabak
verre (m) à shot	рюмка	rumka
verre (m) (~ d'eau)	ыстакан	ıstakan
tasse (f)	чөйчөк	ʧøjʧøk
sucrier (m)	кум шекер салгыч	kum ʃeker salgıʧ
salière (f)	туз салгыч	tuz salgıʧ
poivrière (f)	мурч салгыч	murʧ salgıʧ
beurrier (m)	май салгыч	maj salgıʧ
casserole (f)	мискей	miskej
poêle (f)	табак	tabak
louche (f)	чөмүч	ʧømyʧ
passoire (f)	депкир	depkir
plateau (m)	батыныс	batınıs
bouteille (f)	бөтөлкө	bøtølkø
bocal (m) (à conserves)	банка	banka
boîte (f) en fer-blanc	банка	banka
ouvre-bouteille (m)	ачкыч	aʧkıʧ
ouvre-boîte (m)	ачкыч	aʧkıʧ
tire-bouchon (m)	штопор	ʃtopor
filtre (m)	чыпка	ʧıpka
filtrer (vt)	чыпкалоо	ʧıpkaloo
ordures (f pl)	таштанды	taʃtandı
poubelle (f)	таштанды чака	taʃtandı ʧaka

72. La salle de bains

salle (f) de bains	ванная	vannaja
eau (f)	суу	suu
robinet (m)	чоргo	ʧorgo
eau (f) chaude	ысык суу	ısık suu
eau (f) froide	муздак суу	muzdak suu
dentifrice (m)	тиш пастасы	tiʃ pastası
se brosser les dents	тиш жуу	tiʃ dʒuu
brosse (f) à dents	тиш щёткасы	tiʃ ʃʧotkası
se raser (vp)	кырынуу	kırınuu
mousse (f) à raser	кырынуу үчүн көбүк	kırınuu yʧyn købyk
rasoir (m)	устара	ustara
laver (vt)	жуу	dʒuu
se laver (vp)	жуунуу	dʒuunuu
douche (f)	душ	duʃ
prendre une douche	душка түшүү	duʃka tyʃyy
baignoire (f)	ванна	vanna
cuvette (f)	унитаз	unitaz

lavabo (m)	раковина	rakovina
savon (m)	самын	samın
porte-savon (m)	самын салгыч	samın salgıtʃ

éponge (f)	губка	gubka
shampooing (m)	шампунь	ʃampunʲ
serviette (f)	сүлгү	sylgy
peignoir (m) de bain	халат	χalat

lessive (f) (faire la ~)	кир жуу	kir dʒuu
machine (f) à laver	кир жуучу машина	kir dʒuutʃu maʃina
faire la lessive	кир жуу	kir dʒuu
lessive (f) (poudre)	кир жуучу порошок	kir dʒuutʃu poroʃok

73. Les appareils électroménagers

téléviseur (m)	сыналгы	sınalgı
magnétophone (m)	магнитофон	magnitofon
magnétoscope (m)	видеомагнитофон	videomagnitofon
radio (f)	үналгы	ynalgı
lecteur (m)	плеер	pleer

vidéoprojecteur (m)	видеопроектор	videoproektor
home cinéma (m)	үй кинотеатры	yj kinoteatrı
lecteur DVD (m)	DVD ойноткуч	dividi ojnotkutʃ
amplificateur (m)	күчөткүч	kytʃøtkytʃ
console (f) de jeux	оюн приставкасы	ojɵn pristavkası

caméscope (m)	видеокамера	videokamera
appareil (m) photo	фотоаппарат	fotoapparat
appareil (m) photo numérique	санарип камерасы	sanarip kamerası

aspirateur (m)	чаң соргуч	tʃaŋ sorgutʃ
fer (m) à repasser	үтүк	ytyk
planche (f) à repasser	үтүктөөчү тактай	ytyktøøtʃy taktaj

téléphone (m)	телефон	telefon
portable (m)	мобилдик	mobildik
machine (f) à écrire	машинка	maʃinka
machine (f) à coudre	кийим тигүүчү машинка	kijim tigyytʃy maʃinka

micro (m)	микрофон	mikrofon
écouteurs (m pl)	кулакчын	kulaktʃın
télécommande (f)	пульт	pulʲt

CD (m)	CD, компакт-диск	sidi, kompakt-disk
cassette (f)	кассета	kasseta
disque (m) (vinyle)	пластинка	plastinka

LA TERRE. LE TEMPS

74. L'espace cosmique

cosmos (m)	космос	kosmos
cosmique (adj)	космос	kosmos
espace (m) cosmique	космос мейкиндиги	kosmos mejkindigi
monde (m)	дүйнө	dyjnø
univers (m)	аалам	aalam
galaxie (f)	галактика	galaktika
étoile (f)	жылдыз	dʒıldız
constellation (f)	жылдыздар	dʒıldızdar
planète (f)	планета	planeta
satellite (m)	жолдош	dʒoldoʃ
météorite (m)	метеорит	meteorit
comète (f)	комета	kometa
astéroïde (m)	астероид	asteroid
orbite (f)	орбита	orbita
tourner (vi)	айлануу	ajlanuu
atmosphère (f)	атмосфера	atmosfera
Soleil (m)	күн	kyn
système (m) solaire	күн системасы	kyn sisteması
éclipse (f) de soleil	күндүн тутулушу	kyndyn tutuluʃu
Terre (f)	Жер	dʒer
Lune (f)	Ай	aj
Mars (m)	Марс	mars
Vénus (f)	Венера	venera
Jupiter (m)	Юпитер	jʉpiter
Saturne (m)	Сатурн	saturn
Mercure (m)	Меркурий	merkurij
Uranus (m)	Уран	uran
Neptune	Нептун	neptun
Pluton (m)	Плутон	pluton
la Voie Lactée	Саманчынын жолу	samantʃının dʒolu
la Grande Ours	Чоң Жетиген	tʃoŋ dʒetigen
la Polaire	Полярдык Жылдыз	polʲardık dʒıldız
martien (m)	марсианин	marsianin
extraterrestre (m)	инопланетянин	inoplanetʲanin
alien (m)	келгин	kelgin

soucoupe (f) volante	учуучу табак	uʧuuʧu tabak
vaisseau (m) spatial	космос кемеси	kosmos kemesi
station (f) orbitale	орбитадагы станция	orbitadagı stantsija
lancement (m)	старт	start

moteur (m)	кыймылдаткыч	kıjmıldatkıʧ
tuyère (f)	сопло	soplo
carburant (m)	күйүүчү май	kyjyyʧy may

| cabine (f) | кабина | kabina |
| antenne (f) | антенна | antenna |

hublot (m)	иллюминатор	illuminator
batterie (f) solaire	күн батареясы	kyn batarejası
scaphandre (m)	скафандр	skafandr

| apesanteur (f) | салмаксыздык | salmaksızdık |
| oxygène (m) | кислород | kislorod |

| arrimage (m) | жалгаштыруу | ʤalgaʃtıruu |
| s'arrimer à ... | жалгаштыруу | ʤalgaʃtıruu |

| observatoire (m) | обсерватория | observatorija |
| télescope (m) | телескоп | teleskop |

| observer (vt) | байкоо | bajkoo |
| explorer (un cosmos) | изилдөө | izildøø |

75. La Terre

Terre (f)	Жер	ʤer
globe (m) terrestre	жер шары	ʤer ʃarı
planète (f)	планета	planeta

atmosphère (f)	атмосфера	atmosfera
géographie (f)	география	geografija
nature (f)	табийгат	tabijgat

globe (m) de table	глобус	globus
carte (f)	карта	karta
atlas (m)	атлас	atlas

| Europe (f) | Европа | evropa |
| Asie (f) | Азия | azija |

| Afrique (f) | Африка | afrika |
| Australie (f) | Австралия | avstralija |

Amérique (f)	Америка	amerika
Amérique (f) du Nord	Северная Америка	severnaja amerika
Amérique (f) du Sud	Южная Америка	juʤnaja amerika

| l'Antarctique (m) | Антарктида | antarktida |
| l'Arctique (m) | Арктика | arktika |

76. Les quatre parties du monde

nord (m)	түндүк	tyndyk
vers le nord	түндүккө	tyndykkø
au nord	түндүктө	tyndyktø
du nord (adj)	түндүк	tyndyk
sud (m)	түштүк	tyʃtyk
vers le sud	түштүккө	tyʃtykkø
au sud	түштүктө	tyʃtyktø
du sud (adj)	түштүк	tyʃtyk
ouest (m)	батыш	batıʃ
vers l'occident	батышка	batıʃka
à l'occident	батышта	batıʃta
occidental (adj)	батыш	batıʃ
est (m)	чыгыш	tʃıgıʃ
vers l'orient	чыгышка	tʃıgıʃka
à l'orient	чыгышта	tʃıgıʃta
oriental (adj)	чыгыш	tʃıgıʃ

77. Les océans et les mers

mer (f)	деңиз	deŋiz
océan (m)	мухит	muχit
golfe (m)	булуң	buluŋ
détroit (m)	кысык	kısık
terre (f) ferme	жер	dʒer
continent (m)	материк	materik
île (f)	арал	aral
presqu'île (f)	жарым арал	dʒarım aral
archipel (m)	архипелаг	arχipelag
baie (f)	булуң	buluŋ
port (m)	гавань	gavanʲ
lagune (f)	лагуна	laguna
cap (m)	тумшук	tumʃuk
atoll (m)	атолл	atoll
récif (m)	риф	rif
corail (m)	маржан	mardʒan
récif (m) de corail	маржан рифи	mardʒan rifi
profond (adj)	терең	tereŋ
profondeur (f)	терeңдик	tereŋdik
abîme (m)	түбү жок	tyby dʒok
fosse (f) océanique	ойдуң	ojduŋ
courant (m)	агым	agım
baigner (vt) (mer)	курчап туруу	kurtʃap turuu

| littoral (m) | жээк | ʤeek |
| côte (f) | жээк | ʤeek |

marée (f) haute	суунун көтөрүлүшү	suunun køtørylyʃy
marée (f) basse	суунун тартылуусу	suunun tartıluusu
banc (m) de sable	тайыздык	tajızdık
fond (m)	суунун түбү	suunun tyby

vague (f)	толкун	tolkun
crête (f) de la vague	толкундун кыры	tolkundun kırı
mousse (f)	көбүк	købyk

tempête (f) en mer	бороон чапкын	boroon ʧapkın
ouragan (m)	бороон	boroon
tsunami (m)	цунами	tsunami
calme (m)	штиль	ʃtilʲ
calme (tranquille)	тынч	tıntʃ

| pôle (m) | уюл | ujʉl |
| polaire (adj) | полярдык | polʲardık |

latitude (f)	кеңдик	keŋdik
longitude (f)	узундук	uzunduk
parallèle (f)	параллель	parallelʲ
équateur (m)	экватор	ekvator

ciel (m)	асман	asman
horizon (m)	горизонт	gorizont
air (m)	аба	aba

phare (m)	маяк	majak
plonger (vi)	сүңгүү	syŋgyy
sombrer (vi)	чөгүп кетүү	ʧøgyp ketyy
trésor (m)	казына	kazına

78. Les noms des mers et des océans

océan (m) Atlantique	Атлантика мухити	atlantika muχiti
océan (m) Indien	Индия мухити	indija muχiti
océan (m) Pacifique	Тынч мухити	tıntʃ muχiti
océan (m) Glacial	Түндүк Муз мухити	tyndyk muz muχiti

mer (f) Noire	Кара деңиз	kara deŋiz
mer (f) Rouge	Кызыл деңиз	kızıl deŋiz
mer (f) Jaune	Сары деңиз	sarı deŋiz
mer (f) Blanche	Ак деңиз	ak deŋiz

mer (f) Caspienne	Каспий деңизи	kaspij deŋizi
mer (f) Morte	Өлүк деңиз	ølyk deŋiz
mer (f) Méditerranée	Жер Ортолук деңиз	ʤer ortoluk deŋiz

mer (f) Égée	Эгей деңизи	egej deŋizi
mer (f) Adriatique	Адриатика деңизи	adriatika deŋizi
mer (f) Arabique	Аравия деңизи	aravija deŋizi

mer (f) du Japon	Япон деңизи	japon deŋizi
mer (f) de Béring	Беринг деңизи	bering deŋizi
mer (f) de Chine Méridionale	Түштүк-Кытай деңизи	tyʃtyk-kıtaj deŋizi
mer (f) de Corail	Маржан деңизи	mardʒan deŋizi
mer (f) de Tasman	Тасман деңизи	tasman deŋizi
mer (f) Caraïbe	Кариб деңизи	karib deŋizi
mer (f) de Barents	Баренц деңизи	barents deŋizi
mer (f) de Kara	Карск деңизи	karsk deŋizi
mer (f) du Nord	Түндүк деңиз	tyndyk deŋiz
mer (f) Baltique	Балтика деңизи	baltika deŋizi
mer (f) de Norvège	Норвегиялык деңизи	norvegijalık deŋizi

79. Les montagnes

montagne (f)	тоо	too
chaîne (f) de montagnes	тоо тизмеги	too tizmegi
crête (f)	тоо кыркалары	too kırkaları
sommet (m)	чоку	tʃoku
pic (m)	чоку	tʃoku
pied (m)	тоо этеги	too etegi
pente (f)	эңкейиш	eŋkejiʃ
volcan (m)	вулкан	vulkan
volcan (m) actif	күйүп жаткан	kyjyp dʒatkan
volcan (m) éteint	өчүп калган вулкан	øtʃyp kalgan vulkan
éruption (f)	атырылып чыгуу	atırılıp tʃıguu
cratère (m)	кратер	krater
magma (m)	магма	magma
lave (f)	лава	lava
en fusion (lave ~)	кызыган	kızıgan
canyon (m)	каньон	kanʲon
défilé (m) (gorge)	капчыгай	kaptʃıgaj
crevasse (f)	жарака	dʒaraka
précipice (m)	жар	dʒar
col (m) de montagne	ашуу	aʃuu
plateau (m)	деңсөө	døŋsøø
rocher (m)	зоока	zooka
colline (f)	дөбө	døbø
glacier (m)	муз	muz
chute (f) d'eau	шаркыратма	ʃarkıratma
geyser (m)	гейзер	gejzer
lac (m)	көл	køl
plaine (f)	түздүк	tyzdyk
paysage (m)	теребел	terebel
écho (m)	жаңырык	dʒaŋırık

alpiniste (m)	альпинист	alʲpinist
varappeur (m)	скалолаз	skalolaz
conquérir (vt)	багындыруу	bagındıruu
ascension (f)	тоонун чокусуна чыгуу	toonun ʧokusuna ʧıguu

80. Les noms des chaînes de montagne

Alpes (f pl)	Альп тоолору	alʲp tooloru
Mont Blanc (m)	Монблан	monblan
Pyrénées (f pl)	Пиреней тоолору	pirenej tooloru
Carpates (f pl)	Карпат тоолору	karpat tooloru
Monts Oural (m pl)	Урал тоолору	ural tooloru
Caucase (m)	Кавказ тоолору	kavkaz tooloru
Elbrous (m)	Эльбрус	elʲbrus
Altaï (m)	Алтай тоолору	altaj tooloru
Tian Chan (m)	Тянь-Шань	tjanʲ-ʃanʲ
Pamir (m)	Памир тоолору	pamir tooloru
Himalaya (m)	Гималай тоолору	gimalaj tooloru
Everest (m)	Эверест	everest
Andes (f pl)	Анд тоолору	and tooloru
Kilimandjaro (m)	Килиманджаро	kilimandʒaro

81. Les fleuves

rivière (f), fleuve (m)	дарыя	darıja
source (f)	булак	bulak
lit (m) (d'une rivière)	сай	saj
bassin (m)	бассейн	bassejn
se jeter dans ...	... куюу	... kujʉu
affluent (m)	куйма	kujma
rive (f)	жээк	dʒeek
courant (m)	агым	agım
en aval	агым боюнча	agım bojʉnʧa
en amont	агымга каршы	agımga karʃı
inondation (f)	ташкын	taʃkın
les grandes crues	суу ташкыны	suu taʃkını
déborder (vt)	дайранын ташышы	dajranın taʃıʃı
inonder (vt)	суу каптоо	suu kaptoo
bas-fond (m)	тайыздык	tajızdık
rapide (m)	босого	bosogo
barrage (m)	тогоон	togoon
canal (m)	канал	kanal
lac (m) de barrage	суу сактагыч	suu saktagıʧ
écluse (f)	шлюз	ʃlʉz

plan (m) d'eau	көлмө	kølmø
marais (m)	саз	saz
fondrière (f)	баткак	batkak
tourbillon (m)	айлампа	ajlampa
ruisseau (m)	суу	suu
potable (adj)	ичилчү суу	itʃiltʃy suu
douce (l'eau ~)	тузсуз	tuzsuz
glace (f)	муз	muz
être gelé	тоңуп калуу	toŋup kaluu

82. Les noms des fleuves

Seine (f)	Сена	sena
Loire (f)	Луара	luara
Tamise (f)	Темза	temza
Rhin (m)	Рейн	rejn
Danube (m)	Дунай	dunaj
Volga (f)	Волга	volga
Don (m)	Дон	don
Lena (f)	Лена	lena
Huang He (m)	Хуанхэ	χuanχe
Yangzi Jiang (m)	Янцзы	jantszɪ
Mékong (m)	Меконг	mekong
Gange (m)	Ганг	gang
Nil (m)	Нил	nil
Congo (m)	Конго	kongo
Okavango (m)	Окаванго	okavango
Zambèze (m)	Замбези	zambezi
Limpopo (m)	Лимпопо	limpopo
Mississippi (m)	Миссисипи	missisipi

83. La forêt

forêt (f)	токой	tokoj
forestier (adj)	токойлуу	tokojluu
fourré (m)	чытырман токой	tʃɪtɪrman tokoj
bosquet (m)	токойчо	tokojtʃo
clairière (f)	аянт	ajant
broussailles (f pl)	бадал	badal
taillis (m)	бадал	badal
sentier (m)	чыйыр жол	tʃɪjɪr dʒol
ravin (m)	жар	dʒar
arbre (m)	дарак	darak

| feuille (f) | жалбырак | dʒalbırak |
| feuillage (m) | жалбырак | dʒalbırak |

chute (f) de feuilles	жалбырак түшүү мезгили	dʒalbırak tyʃyy mezgili
tomber (feuilles)	түшүү	tyʃyy
sommet (m)	чоку	tʃoku

rameau (m)	бутак	butak
branche (f)	бутак	butak
bourgeon (m)	бүчүр	bytʃyr
aiguille (f)	ийне	ijne
pomme (f) de pin	тобурчак	toburtʃak

creux (m)	көңдөй	køŋdøj
nid (m)	уя	uja
terrier (m) (~ d'un renard)	ийин	ijin

tronc (m)	сөңгөк	søŋgøk
racine (f)	тамыр	tamır
écorce (f)	кыртыш	kırtıʃ
mousse (f)	мох	moχ

déraciner (vt)	дүмүрүн казуу	dymyryn kazuu
abattre (un arbre)	кыюу	kıjʉu
déboiser (vt)	токойду кыюу	tokojdu kıjʉu
souche (f)	дүмүр	dymyr

feu (m) de bois	от	ot
incendie (m)	өрт	ørt
éteindre (feu)	өчүрүү	øtʃyryy

garde (m) forestier	токойчу	tokojtʃu
protection (f)	өсүмдүктөрдү коргоо	øsymdyktørdy korgoo
protéger (vt)	сактоо	saktoo
braconnier (m)	браконьер	brakonjer
piège (m) à mâchoires	капкан	kapkan

cueillir (champignons)	терүү	teryy
cueillir (baies)	терүү	teryy
s'égarer (vp)	адашып кетүү	adaʃıp ketyy

84. Les ressources naturelles

ressources (f pl) naturelles	жаратылыш байлыктары	dʒaratılıʃ bajlıktarı
minéraux (m pl)	пайдалуу кендер	pajdaluu kender
gisement (m)	кен	ken
champ (m) (~ pétrolifère)	кендүү жер	kendyy dʒer

extraire (vt)	казуу	kazuu
extraction (f)	казуу	kazuu
minerai (m)	кен	ken
mine (f) (site)	шахта	ʃaχta
puits (m) de mine	шахта	ʃaχta
mineur (m)	кенчи	kentʃi

gaz (m)	газ	gaz
gazoduc (m)	газопровод	gazoprovod
pétrole (m)	мунайзат	munajzat
pipeline (m)	мунайзар түтүгү	munajzar tytygy
tour (f) de forage	мунайзат скважинасы	munajzat skvadʒinası
derrick (m)	мунайзат мунарасы	munajzat munarası
pétrolier (m)	танкер	tanker
sable (m)	кум	kum
calcaire (m)	акиташ	akitaʃ
gravier (m)	шагыл	ʃagıl
tourbe (f)	торф	torf
argile (f)	ылай	ılaj
charbon (m)	көмүр	kømyr
fer (m)	темир	temir
or (m)	алтын	altın
argent (m)	күмүш	kymyʃ
nickel (m)	никель	nikelʲ
cuivre (m)	жез	dʒez
zinc (m)	цинк	ʦınk
manganèse (m)	марганец	marganeʦ
mercure (m)	сымап	sımap
plomb (m)	коргошун	korgoʃun
minéral (m)	минерал	mineral
cristal (m)	кристалл	kristall
marbre (m)	мрамор	mramor
uranium (m)	уран	uran

85. Le temps

temps (m)	аба-ырайы	aba-ırajı
météo (f)	аба-ырайы боюнча маалымат	aba-ırajı bojʉntʃa maalımat
température (f)	температура	temperatura
thermomètre (m)	термометр	termometr
baromètre (m)	барометр	barometr
humide (adj)	нымдуу	nımduu
humidité (f)	ным	nım
chaleur (f) (canicule)	ысык	ısık
torride (adj)	кыйын ысык	kıjın ısık
il fait très chaud	ысык	ısık
il fait chaud	жылуу	dʒıluu
chaud (modérément)	жылуу	dʒıluu
il fait froid	суук	suuk
froid (adj)	суук	suuk
soleil (m)	күн	kyn

briller (soleil)	күн тийүү	kyn tijyy
ensoleillé (jour ~)	күн ачык	kyn aʧık
se lever (vp)	чыгуу	ʧıguu
se coucher (vp)	батуу	batuu

nuage (m)	булут	bulut
nuageux (adj)	булуттуу	buluttuu
nuée (f)	булут	bulut
sombre (adj)	күн бүркөк	kyn byrkøk

pluie (f)	жамгыр	dʒamgır
il pleut	жамгыр жаап жатат	dʒamgır dʒaap dʒatat
pluvieux (adj)	жаандуу	dʒaanduu
bruiner (v imp)	дыбыратуу	dıbıratuu

pluie (f) torrentielle	нөшөрлөгөн жаан	nøʃørløgøn dʒaan
averse (f)	нөшөр	nøʃør
forte (la pluie ~)	катуу	katuu
flaque (f)	көлчүк	kølʧyk
se faire mouiller	суу болуу	suu boluu

brouillard (m)	туман	tuman
brumeux (adj)	тумандуу	tumanduu
neige (f)	кар	kar
il neige	кар жаап жатат	kar dʒaap dʒatat

86. Les intempéries. Les catastrophes naturelles

orage (m)	чагылгандуу жаан	ʧagılganduu dʒaan
éclair (m)	чагылган	ʧagılgan
éclater (foudre)	жарк этүү	dʒark etyy

tonnerre (m)	күн күркүрөө	kyn kyrkyrøø
gronder (tonnerre)	күн күркүрөө	kyn kyrkyrøø
le tonnerre gronde	күн күркүрөп жатат	kyn kyrkyrøp dʒatat

| grêle (f) | мөндүр | møndyr |
| il grêle | мөндүр түшүп жатат | møndyr tyʃyp dʒatat |

| inonder (vt) | суу каптоо | suu kaptoo |
| inondation (f) | ташкын | taʃkın |

tremblement (m) de terre	жер титирөө	dʒer titirøø
secousse (f)	жердин силкиниши	dʒerdin silkiniʃi
épicentre (m)	эпицентр	epiʦentr

| éruption (f) | атырылып чыгуу | atırılıp ʧıguu |
| lave (f) | лава | lava |

tourbillon (m)	куюн	kujun
tornade (f)	торнадо	tornado
typhon (m)	тайфун	tajfun
ouragan (m)	бороон	boroon
tempête (f)	бороон чапкын	boroon ʧapkın

tsunami (m)	цунами	tsunami
cyclone (m)	циклон	tsıklon
intempéries (f pl)	жаан-чачындуу күн	dʒaan-tʃatʃınduu kyn
incendie (m)	өрт	ørt
catastrophe (f)	кыйроо	kıjroo
météorite (m)	метеорит	meteorit
avalanche (f)	көчкү	køtʃky
éboulement (m)	кар көчкүсү	kar køtʃkysy
blizzard (m)	кар бороону	kar boroonu
tempête (f) de neige	бурганак	burganak

LA FAUNE

87. Les mammifères. Les prédateurs

prédateur (m)	жырткыч	dʒɪrtkɪtʃ
tigre (m)	жолборс	dʒolbors
lion (m)	арстан	arstan
loup (m)	карышкыр	karɪʃkɪr
renard (m)	түлкү	tylky
jaguar (m)	ягуар	jaguar
léopard (m)	леопард	leopard
guépard (m)	гепард	gepard
panthère (f)	пантера	pantera
puma (m)	пума	puma
léopard (m) de neiges	илбирс	ilbirs
lynx (m)	сүлөөсүн	syløøsyn
coyote (m)	койот	kojot
chacal (m)	чөө	tʃøø
hyène (f)	гиена	giena

88. Les animaux sauvages

animal (m)	жаныбар	dʒanɪbar
bête (f)	жапайы жаныбар	dʒapajɪ dʒanɪbar
écureuil (m)	тыйын чычкан	tɪjɪn tʃɪtʃkan
hérisson (m)	кирпичечен	kirpitʃetʃen
lièvre (m)	коен	koen
lapin (m)	коен	koen
blaireau (m)	кашкулак	kaʃkulak
raton (m)	енот	enot
hamster (m)	хомяк	χomʲak
marmotte (f)	суур	suur
taupe (f)	момолой	momoloj
souris (f)	чычкан	tʃɪtʃkan
rat (m)	келемиш	kelemiʃ
chauve-souris (f)	жарганат	dʒarganat
hermine (f)	арс чычкан	ars tʃɪtʃkan
zibeline (f)	киш	kiʃ
martre (f)	суусар	suusar
belette (f)	ласка	laska
vison (m)	норка	norka

castor (m)	кемчет	kemtʃet
loutre (f)	кундуз	kunduz
cheval (m)	жылкы	dʒɪlkɪ
élan (m)	багыш	bagɪʃ
cerf (m)	бугу	bugu
chameau (m)	төө	tøø
bison (m)	бизон	bizon
aurochs (m)	зубр	zubr
buffle (m)	буйвол	bujvol
zèbre (m)	зебра	zebra
antilope (f)	антилопа	antilopa
chevreuil (m)	элик	elik
biche (f)	лань	lanʲ
chamois (m)	жейрен	dʒejren
sanglier (m)	каман	kaman
baleine (f)	кит	kit
phoque (m)	тюлень	tʉlenʲ
morse (m)	морж	mordʒ
ours (m) de mer	деңиз мышыгы	deŋiz mɪʃɪgɪ
dauphin (m)	дельфин	delʲfin
ours (m)	аюу	ajʉu
ours (m) blanc	ак аюу	ak ajʉu
panda (m)	панда	panda
singe (m)	маймыл	majmɪl
chimpanzé (m)	шимпанзе	ʃimpanze
orang-outang (m)	орангутанг	orangutang
gorille (m)	горилла	gorilla
macaque (m)	макака	makaka
gibbon (m)	гиббон	gibbon
éléphant (m)	пил	pil
rhinocéros (m)	керик	kerik
girafe (f)	жираф	dʒiraf
hippopotame (m)	бегемот	begemot
kangourou (m)	кенгуру	kenguru
koala (m)	коала	koala
mangouste (f)	мангуст	mangust
chinchilla (m)	шиншилла	ʃinʃilla
mouffette (f)	скунс	skuns
porc-épic (m)	чүткөр	tʃʏtkør

89. Les animaux domestiques

chat (m) (femelle)	ургаачы мышык	urgaatʃɪ mɪʃɪk
chat (m) (mâle)	эркек мышык	erkek mɪʃɪk
chien (m)	ит	it

cheval (m)	жылкы	ʤılkı
étalon (m)	айгыр	ajgır
jument (f)	бээ	bee

vache (f)	уй	uj
taureau (m)	бука	buka
bœuf (m)	егүз	øgyz

brebis (f)	кой	koj
mouton (m)	кочкор	koʧkor
chèvre (f)	эчки	eʧki
bouc (m)	теке	teke

| âne (m) | эшек | eʃek |
| mulet (m) | качыр | katʃır |

cochon (m)	чочко	ʧoʧko
pourceau (m)	торопой	toropoj
lapin (m)	коен	koen

| poule (f) | тоок | took |
| coq (m) | короз | koroz |

canard (m)	өрдөк	ørdøk
canard (m) mâle	эркек өрдөк	erkek ørdøk
oie (f)	каз	kaz

| dindon (m) | күрп | kyrp |
| dinde (f) | ургаачы күрп | urgaatʃı kyrp |

animaux (m pl) domestiques	үй жаныбарлары	yj ʤanıbarları
apprivoisé (adj)	колго үйрөтүлгөн	kolgo yjrøtylgøn
apprivoiser (vt)	колго үйрөтүү	kolgo yjrøtyy
élever (vt)	өстүрүү	østyryy

ferme (f)	ферма	ferma
volaille (f)	үй канаттулары	yj kanattuları
bétail (m)	мал	mal
troupeau (m)	бада	bada

écurie (f)	аткана	atkana
porcherie (f)	чочкокана	ʧoʧkokana
vacherie (f)	уйкана	ujkana
cabane (f) à lapins	коенкана	koenkana
poulailler (m)	тоокана	tookana

90. Les oiseaux

oiseau (m)	куш	kuʃ
pigeon (m)	көгүчкөн	køgytʃkøn
moineau (m)	таранчы	tarantʃı
mésange (f)	синица	sinitsa
pie (f)	сагызган	sagızgan
corbeau (m)	кузгун	kuzgun

corneille (f)	карга	karga
choucas (m)	таан	taan
freux (m)	чаркарга	tʃarkarga
canard (m)	өрдөк	ørdøk
oie (f)	каз	kaz
faisan (m)	кыргоол	kırgool
aigle (m)	бүркүт	byrkyt
épervier (m)	ителги	itelgi
faucon (m)	шумкар	ʃumkar
vautour (m)	жору	dʒoru
condor (m)	кондор	kondor
cygne (m)	аккуу	akkuu
grue (f)	турна	turna
cigogne (f)	илегилек	ilegilek
perroquet (m)	тотукуш	totukuʃ
colibri (m)	колибри	kolibri
paon (m)	тоос	toos
autruche (f)	төө куш	tøø kuʃ
héron (m)	көк кытан	køk kıtan
flamant (m)	фламинго	flamingo
pélican (m)	биргазан	birgazan
rossignol (m)	булбул	bulbul
hirondelle (f)	чабалекей	tʃabalekej
merle (m)	таркылдак	tarkıldak
grive (f)	сайрагыч таркылдак	sajragıtʃ tarkıldak
merle (m) noir	кара таңдай таркылдак	kara taŋdaj tarkıldak
martinet (m)	кардыгач	kardıgatʃ
alouette (f) des champs	торгой	torgoj
caille (f)	бөдөнө	bødønø
pivert (m)	тоңкулдак	toŋkuldak
coucou (m)	күкүк	kykyk
chouette (f)	мыкый үкү	mıkıj yky
hibou (m)	үкү	yky
tétras (m)	керең кур	kereŋ kur
tétras-lyre (m)	кара кур	kara kur
perdrix (f)	кекилик	kekilik
étourneau (m)	чыйырчык	tʃıjırtʃık
canari (m)	канарейка	kanarejka
gélinotte (f) des bois	токой чили	tokoj tʃili
pinson (m)	зяблик	zʲablik
bouvreuil (m)	снегирь	snegirʲ
mouette (f)	ак чардак	ak tʃardak
albatros (m)	альбатрос	alʲbatros
pingouin (m)	пингвин	pingvin

91. Les poissons. Les animaux marins

brème (f)	лещ	leʃtʃ
carpe (f)	карп	karp
perche (f)	окунь	okunʲ
silure (m)	жаян	dʒajan
brochet (m)	чортон	tʃorton

saumon (m)	лосось	lososʲ
esturgeon (m)	осётр	osʲotr

hareng (m)	сельдь	selʲdʲ
saumon (m) atlantique	сёмга	sʲomga
maquereau (m)	скумбрия	skumbrija
flet (m)	камбала	kambala

sandre (f)	судак	sudak
morue (f)	треска	treska
thon (m)	тунец	tunets
truite (f)	форель	forelʲ

anguille (f)	угорь	ugorʲ
torpille (f)	скат	skat
murène (f)	мурена	murena
piranha (m)	пиранья	piranja

requin (m)	акула	akula
dauphin (m)	дельфин	delʲfin
baleine (f)	кит	kit

crabe (m)	краб	krab
méduse (f)	медуза	meduza
pieuvre (f), poulpe (m)	сегиз бут	segiz but

étoile (f) de mer	деңиз жылдызы	deŋiz dʒıldızı
oursin (m)	деңиз кирписи	deŋiz kirpisi
hippocampe (m)	деңиз тайы	deŋiz tajı

huître (f)	устрица	ustritsa
crevette (f)	креветка	krevetka
homard (m)	омар	omar
langoustine (f)	лангуст	langust

92. Les amphibiens. Les reptiles

serpent (m)	жылан	dʒılan
venimeux (adj)	уулуу	uuluu

vipère (f)	кара чаар жылан	kara tʃaar dʒılan
cobra (m)	кобра	kobra
python (m)	питон	piton
boa (m)	удав	udav
couleuvre (f)	сары жылан	sarı dʒılan

| serpent (m) à sonnettes | шакылдак жылан | ʃakıldak dʒılan |
| anaconda (m) | анаконда | anakonda |

lézard (m)	кескелдирик	keskeldirik
iguane (m)	игуана	iguana
varan (m)	эчкемер	etʃkemer
salamandre (f)	саламандра	salamandra
caméléon (m)	хамелеон	χameleon
scorpion (m)	чаян	tʃajan

tortue (f)	ташбака	taʃbaka
grenouille (f)	бака	baka
crapaud (m)	курбака	kurbaka
crocodile (m)	крокодил	krokodil

93. Les insectes

insecte (m)	курт-кумурска	kurt-kumurska
papillon (m)	көпөлөк	køpøløk
fourmi (f)	кумурска	kumurska
mouche (f)	чымын	tʃımın
moustique (m)	чиркей	tʃirkej
scarabée (m)	коңуз	koŋuz

guêpe (f)	аары	aarı
abeille (f)	бал аары	bal aarı
bourdon (m)	жапан аары	dʒapan aarı
œstre (m)	көгөөн	køgøøn

| araignée (f) | жөргөмүш | dʒørgømyʃ |
| toile (f) d'araignée | желе | dʒele |

libellule (f)	ийнелик	ijnelik
sauterelle (f)	чегиртке	tʃegirtke
papillon (m)	көпөлөк	køpøløk

cafard (m)	таракан	tarakan
tique (f)	кене	kene
puce (f)	бүргө	byrgø
moucheron (m)	майда чымын	majda tʃımın

criquet (m)	чегиртке	tʃegirtke
escargot (m)	улул	ylyl
grillon (m)	кара чегиртке	kara tʃegirtke
luciole (f)	жалтырак коңуз	dʒaltırak koŋuz
coccinelle (f)	айланкөчөк	ajlankøtʃøk
hanneton (m)	саратан коңуз	saratan koŋuz

sangsue (f)	сүлүк	sylyk
chenille (f)	каз таман	kaz taman
ver (m)	жер курту	dʒer kurtu
larve (f)	курт	kurt

LA FLORE

94. Les arbres

arbre (m)	дарак	darak
à feuilles caduques	жалбырактуу	dʒalbıraktuu
conifère (adj)	ийне жалбырактуулар	ijne dʒalbıraktuular
à feuilles persistantes	дайым жашыл	dajım dʒaʃıl
pommier (m)	алма бак	alma bak
poirier (m)	алмурут бак	almurut bak
merisier (m)	гилас	gilas
cerisier (m)	алча	altʃa
prunier (m)	кара өрүк	kara øryk
bouleau (m)	ак кайың	ak kajıŋ
chêne (m)	эмен	emen
tilleul (m)	жөкө дарак	dʒøkø darak
tremble (m)	бай терек	baj terek
érable (m)	клён	klʲon
épicéa (m)	кара карагай	kara karagaj
pin (m)	карагай	karagaj
mélèze (m)	лиственница	listvennitsa
sapin (m)	пихта	piχta
cèdre (m)	кедр	kedr
peuplier (m)	терек	terek
sorbier (m)	четин	tʃetin
saule (m)	мажүрүм тал	madʒyrym tal
aune (m)	ольха	olʲχa
hêtre (m)	бук	buk
orme (m)	кара жыгач	kara dʒıgatʃ
frêne (m)	ясень	jasenʲ
marronnier (m)	каштан	kaʃtan
magnolia (m)	магнолия	magnolija
palmier (m)	пальма	palʲma
cyprès (m)	кипарис	kiparis
palétuvier (m)	мангро дарагы	mangro daragı
baobab (m)	баобаб	baobab
eucalyptus (m)	эвкалипт	evkalipt
séquoia (m)	секвойя	sekvoja

95. Les arbustes

buisson (m)	бадал	badal
arbrisseau (m)	бадал	badal

vigne (f)	жүзүм	dʒyzym
vigne (f) (vignoble)	жүзүмдүк	dʒyzymdyk
framboise (f)	дан куурай	dan kuuraj
cassis (m)	кара карагат	kara karagat
groseille (f) rouge	кызыл карагат	kɪzɪl karagat
groseille (f) verte	крыжовник	krɪdʒovnik
acacia (m)	акация	akatsija
berbéris (m)	бөрү карагат	børy karagat
jasmin (m)	жасмин	dʒasmin
genévrier (m)	кара арча	kara artʃa
rosier (m)	роза бадалы	roza badalɪ
églantier (m)	ит мурун	it murun

96. Les fruits. Les baies

fruit (m)	мөмө-жемиш	mømø-dʒemiʃ
fruits (m pl)	мөмө-жемиш	mømø-dʒemiʃ
pomme (f)	алма	alma
poire (f)	алмурут	almurut
prune (f)	кара өрүк	kara øryk
fraise (f)	кулпунай	kulpunaj
cerise (f)	алча	altʃa
merise (f)	гилас	gilas
raisin (m)	жүзүм	dʒyzym
framboise (f)	дан куурай	dan kuuraj
cassis (m)	кара карагат	kara karagat
groseille (f) rouge	кызыл карагат	kɪzɪl karagat
groseille (f) verte	крыжовник	krɪdʒovnik
canneberge (f)	клюква	klʉkva
orange (f)	апельсин	apelʲsin
mandarine (f)	мандарин	mandarin
ananas (m)	ананас	ananas
banane (f)	банан	banan
datte (f)	курма	kurma
citron (m)	лимон	limon
abricot (m)	өрүк	øryk
pêche (f)	шабдаалы	ʃabdaalɪ
kiwi (m)	киви	kivi
pamplemousse (m)	грейпфрут	grejpfrut
baie (f)	жер жемиш	dʒer dʒemiʃ
baies (f pl)	жер жемиштер	dʒer dʒemiʃter
airelle (f) rouge	брусника	brusnika
fraise (f) des bois	кызылгат	kɪzɪlgat
myrtille (f)	кара моюл	kara mojʉl

93

97. Les fleurs. Les plantes

fleur (f)	гүл	gyl
bouquet (m)	десте	deste
rose (f)	роза	roza
tulipe (f)	жоогазын	dʒoogazın
oeillet (m)	гвоздика	gvozdika
glaïeul (m)	гладиолус	gladiolus
bleuet (m)	ботокөз	botokøz
campanule (f)	коңгуроо гүл	konguroo gyl
dent-de-lion (f)	каакым-кукум	kaakım-kukum
marguerite (f)	ромашка	romaʃka
aloès (m)	алоэ	aloe
cactus (m)	кактус	kaktus
ficus (m)	фикус	fikus
lis (m)	лилия	lilija
géranium (m)	герань	geranʲ
jacinthe (f)	гиацинт	giatsint
mimosa (m)	мимоза	mimoza
jonquille (f)	нарцисс	nartsiss
capucine (f)	настурция	nasturtsija
orchidée (f)	орхидея	orχideja
pivoine (f)	пион	pion
violette (f)	бинапша	binapʃa
pensée (f)	алагүл	alagyl
myosotis (m)	незабудка	nezabudka
pâquerette (f)	маргаритка	margaritka
coquelicot (m)	кызгалдак	kızgaldak
chanvre (m)	наша	naʃa
menthe (f)	жалбыз	dʒalbız
muguet (m)	ландыш	landıʃ
perce-neige (f)	байчечекей	bajtʃetʃekej
ortie (f)	чалкан	tʃalkan
oseille (f)	ат кулак	at kulak
nénuphar (m)	чөмүч баш	tʃømytʃ baʃ
fougère (f)	папоротник	paporotnik
lichen (m)	лишайник	liʃajnik
serre (f) tropicale	күнөскана	kynøskana
gazon (m)	газон	gazon
parterre (m) de fleurs	клумба	klumba
plante (f)	өсүмдүк	øsymdyk
herbe (f)	чөп	tʃøp
brin (m) d'herbe	бир тал чөп	bir tal tʃøp

feuille (f)	жалбырак	ʤalbırak
pétale (m)	гүлдүн желекчеси	gyldyn ʤelektʃesi
tige (f)	сабак	sabak
tubercule (m)	жемиш тамыр	ʤemiʃ tamır

| pousse (f) | өсмө | øsmø |
| épine (f) | тикен | tiken |

fleurir (vi)	гүлдөө	gyldøø
se faner (vp)	соолуу	sooluu
odeur (f)	жыт	ʤıt
couper (vt)	кесүү	kesyy
cueillir (fleurs)	үзүү	yzyy

98. Les céréales

grains (m pl)	дан	dan
céréales (f pl) (plantes)	дан эгиндери	dan eginderi
épi (m)	машак	maʃak

blé (m)	буудай	buudaj
seigle (m)	кара буудай	kara buudaj
avoine (f)	сулу	sulu
millet (m)	таруу	taruu
orge (f)	арпа	arpa

maïs (m)	жүгөрү	ʤygøry
riz (m)	күрүч	kyrytʃ
sarrasin (m)	гречиха	gretʃiχa

pois (m)	нокот	nokot
haricot (m)	төө буурчак	tøø buurtʃak
soja (m)	соя	soja
lentille (f)	жасмык	ʤasmık
fèves (f pl)	буурчак	buurtʃak

LES PAYS DU MONDE

99. Les pays du monde. Partie 1

Afghanistan (m)	Ооганстан	ooganstan
Albanie (f)	Албания	albanija
Allemagne (f)	Германия	germanija
Angleterre (f)	Англия	anglija
Arabie (f) Saoudite	Сауд Аравиясы	saud aravijası
Argentine (f)	Аргентина	argentina
Arménie (f)	Армения	armenija
Australie (f)	Австралия	avstralija
Autriche (f)	Австрия	avstrija
Azerbaïdjan (m)	Азербайжан	azerbajdʒan
Bahamas (f pl)	Багам аралдары	bagam araldarı
Bangladesh (m)	Бангладеш	bangladeʃ
Belgique (f)	Бельгия	belʲgija
Biélorussie (f)	Беларусь	belarusʲ
Bolivie (f)	Боливия	bolivija
Bosnie (f)	Босния жана	bosnija dʒana
Brésil (m)	Бразилия	brazilija
Bulgarie (f)	Болгария	bolgarija
Cambodge (m)	Камбожа	kambodʒa
Canada (m)	Канада	kanada
Chili (m)	Чили	tʃili
Chine (f)	Кытай	kıtaj
Chypre (m)	Кипр	kipr
Colombie (f)	Колумбия	kolumbija
Corée (f) du Nord	Тундук Корея	tundyk koreja
Corée (f) du Sud	Түштүк Корея	tyʃtyk koreja
Croatie (f)	Хорватия	χorvatija
Cuba (f)	Куба	kuba
Danemark (m)	Дания	danija
Écosse (f)	Шотландия	ʃotlandija
Égypte (f)	Египет	egipet
Équateur (m)	Эквадор	ekvador
Espagne (f)	Испания	ispanija
Estonie (f)	Эстония	estonija
Les États Unis	Америка Кошмо Штаттары	amerika koʃmo ʃtattarı
Fédération (f) des Émirats Arabes Unis	Бирикккен Араб Эмираттары	birikken arab emirattarı
Finlande (f)	Финляндия	finlʲandija
France (f)	Франция	frantsija
Géorgie (f)	Грузия	gruzija
Ghana (m)	Гана	gana

| Grande-Bretagne (f) | Улуу Британия | uluu britanija |
| Grèce (f) | Греция | gretsija |

100. Les pays du monde. Partie 2

| Haïti (m) | Гаити | gaiti |
| Hongrie (f) | Венгрия | vengrija |

Inde (f)	Индия	indija
Indonésie (f)	Индонезия	indonezija
Iran (m)	Иран	iran
Iraq (m)	Ирак	irak
Irlande (f)	Ирландия	irlandija
Islande (f)	Исландия	islandija

| Israël (m) | Израиль | izrailʲ |
| Italie (f) | Италия | italija |

Jamaïque (f)	Ямайка	jamajka
Japon (m)	Япония	japonija
Jordanie (f)	Иордания	iordanija
Kazakhstan (m)	Казакстан	kazakstan
Kenya (m)	Кения	kenija

| Kirghizistan (m) | Кыргызстан | kırgızstan |
| Koweït (m) | Кувейт | kuvejt |

Laos (m)	Лаос	laos
Lettonie (f)	Латвия	latvija
Liban (m)	Ливан	livan
Libye (f)	Ливия	livija
Liechtenstein (m)	Лихтенштейн	liҳtenʃtejn

| Lituanie (f) | Литва | litva |
| Luxembourg (m) | Люксембург | lʉksemburg |

Macédoine (f)	Македония	makedonija
Madagascar (f)	Мадагаскар	madagaskar
Malaisie (f)	Малазия	malazija
Malte (f)	Мальта	malʲta
Maroc (m)	Марокко	marokko

| Mexique (m) | Мексика | meksika |
| Moldavie (f) | Молдова | moldova |

Monaco (m)	Монако	monako
Mongolie (f)	Монголия	mongolija
Monténégro (m)	Черногория	tʃernogorija
Myanmar (m)	Мьянма	mjanma
Namibie (f)	Намибия	namibija
Népal (m)	Непал	nepal
Norvège (f)	Норвегия	norvegija
Nouvelle Zélande (f)	Жаңы Зеландия	dʒaŋı zelandija
Ouzbékistan (m)	Өзбекистан	øzbekistan

101. Les pays du monde. Partie 3

Pakistan (m)	Пакистан	pakistan
Palestine (f)	Палестина	palestina
Panamá (m)	Панама	panama
Paraguay (m)	Парагвай	paragvaj
Pays-Bas (m)	Нидерланддар	niderlanddar
Pérou (m)	Перу	peru
Pologne (f)	Польша	polʲʃa
Polynésie (f) Française	Француз Полинезиясы	frantsuz polinezijası
Portugal (m)	Португалия	portugalija
République (f) Dominicaine	Доминикан Республикасы	dominikan respublikası
République (f) Sud-africaine	ТАР	tar
République (f) Tchèque	Чехия	tʃeχija
Roumanie (f)	Румыния	rumınija
Russie (f)	Россия	rossija
Sénégal (m)	Сенегал	senegal
Serbie (f)	Сербия	serbija
Slovaquie (f)	Словакия	slovakija
Slovénie (f)	Словения	slovenija
Suède (f)	Швеция	ʃvetsija
Suisse (f)	Швейцария	ʃvejtsarija
Surinam (m)	Суринам	surinam
Syrie (f)	Сирия	sirija
Tadjikistan (m)	Тажикистан	tadʒikistan
Taïwan (m)	Тайвань	tajvanʲ
Tanzanie (f)	Танзания	tanzanija
Tasmanie (f)	Тасмания	tasmanija
Thaïlande (f)	Таиланд	tailand
Tunisie (f)	Тунис	tunis
Turkménistan (m)	Туркмения	turkmenija
Turquie (f)	Туркия	tyrkija
Ukraine (f)	Украина	ukraina
Uruguay (m)	Уругвай	urugvaj
Vatican (m)	Ватикан	vatikan
Venezuela (f)	Венесуэла	venesuela
Vietnam (m)	Вьетнам	vjetnam
Zanzibar (m)	Занзибар	zanzibar